Inserindo O Brasil no Mundo

FEDERAÇÃO DO COMÉRCIO DO ESTADO DE SÃO PAULO (FECOMERCIO)
SEMINÁRIO INSERINDO O BRASIL NO MUNDO

Organizador: Antonio Carlos Borges (diretor-executivo da Fecomercio)
Coordenador: Mário Marconini (presidente executivo do Conselho de Relações Internacionais da Fecomercio)
Presidente de Honra do Conselho de Relações Internacionais da Fecomercio: Embaixador Rubens Ricupero
Coordenadores Técnicos: Fernanda Della Rosa (diretora da assessoria econômica da Fecomercio) e Luis Antonio Flora (diretor da assessoria jurídica da Fecomercio)
Gerência de Marketing: Maria Izabel Collor de Mello
Gerência de Comunicação Social: Ana Paula Vieira Rogers

Dados Internacionais de Catalogação na Publicação (CIP)
(Câmara Brasileira do Livro, SP, Brasil)

Inserindo o Brasil no mundo / Federação do Comércio do Estado de São Paulo (Fecomercio). – São Paulo : Editora Senac São Paulo, 2007.

ISBN 978-85-7359-629-8

1. Comércio internacional 2. Desenvolvimento econômico 3. Globalização 4. Relações econômicas internacionais 5. Relações internacionais 6. Trabalho e classes trabalhadoras.

07-8074 CDD-382.0981

Índices para catálogo sistemático:

1. Brasill : Comércio internacional 382.0981
2. Brasil : Relações comerciais internacionais 382.0981

Federação do Comércio do Estado de São Paulo
(Fecomercio)

Inserindo O Brasil no Mundo

editora senac são paulo

ADMINISTRAÇÃO REGIONAL DO SENAC NO ESTADO DE SÃO PAULO
Presidente do Conselho Regional: Abram Szajman
Diretor do Departamento Regional: Luiz F. A. Salgado
Superintendente Universitário e de Desenvolvimento: Luiz Carlos Dourado

EDITORA SENAC SÃO PAULO
Conselho Editorial: Luiz F. A. Salgado
Luiz Carlos Dourado
Darcio Sayad Maia
Lucila Mara Sbrana Sciotti
Marcus Vinicius Barili Alves

Editor: Marcus Vinicius Barili Alves (vinicius@sp.senac.br)

Coordenação de Prospecção Editorial: Isabel M. M. Alexandre (ialexand@sp.senac.br)
Coordenação de Produção Editorial: Antonio Roberto Bertelli (abertell@sp.senac.br)
Supervisão de Produção Editorial: Izilda de Oliveira Pereira (ipereira@sp.senac.br)

Edição de Texto: Léia M. Fontes Guimarães
Preparação de Texto: Pierina McCarthy
Revisão de Texto: Edna Viana, Ivone P. B. Groenitz, Luiza Elena Luchini
Projeto Gráfico, Editoração Eletrônica e Capa: Antonio Carlos De Angelo
Capa: João Baptista da Costa Aguiar
Impressão e Acabamento: Geo Gráfica e Editora Ltda.

Gerência Comercial: Marcus Vinicius Barili Alves (vinicius@sp.senac.br)
Supervisão de Vendas: Rubens Gonçalves Folha (rfolha@sp.senac.br)
Coordenação Administrativa: Carlos Alberto Alves (calves@sp.senac.br)

Editora Senac São Paulo
Rua Rui Barbosa, 377 – 1º andar – Bela Vista – CEP 01326-010
Caixa Postal 1120 – CEP 01032-970 – São Paulo – SP
Tel. (11) 2187-4450 – Fax (11) 2187-4486
E-mail: editora@sp.senac.br
Home page: http://www.editorasenacsp.com.br

Sumário

Parte III. A REESTRUTURAÇÃO DO TRABALHO NO MUNDO

Parte IV. UNILATERALISMO, BILATERALISMO, REGIONALISMO, MULTILATERALISMO: QUE INSTRUMENTOS NOS CONVÊM?

Parte V. CONCLUSÕES E PROPOSTAS DA FECOMERCIO

Nota do editor

Depois de ter lançado o projeto "Simplificando o Brasil", em que se dedicou à sugestão de uma agenda de microrreformas econômicas, a Federação do Comércio do Estado de São Paulo (Fecomercio) apresenta nesta obra o resultado de um amplo debate entre personalidades de renome nacional a respeito do lugar que o Brasil ocupa no cenário internacional e o que pode ser feito para tornar o país mais competitivo.

Com o intuito de promover uma discussão sobre como encurtar as distâncias entre os desafios nacionais e a inserção do país no mundo, o livro se organiza em torno de quatro questões: 1. Qual o verdadeiro nexo entre comércio exterior e investimento direto estrangeiro no Brasil? 2. O país tem consciência de sua estrutura e qual o seu lugar no mundo condizente com suas realizações, dimensões, ambições e potencialidades? 3. Estamos preparados para as novas revoluções tecnológicas genéticas e informacionais e as transformações que influenciam os padrões de comportamento e de conforto da sociedade contemporânea? 4. Quais os intrumentos que nos convêm na busca de uma maior inserção do Brasil no mundo: unilateralismo, bilateralismo, regionalismo, multilateralismo?

O Senac São Paulo lança mais esta publicação com o objetivo de transformar as propostas resultantes das discussões em contribuição para se pensar o crescimento econômico sustentado do país e a sua efetiva inserção internacional.

Introdução

Mário Marconini

Não há dúvida de que a área internacional do Brasil tem gerado boas notícias nos últimos anos. As exportações, por exemplo, foram de um déficit de 7 bilhões de dólares em 1997 para um superávit de mais de 44 bilhões em 2006 – uma reviravolta de mais de 50 bilhões em nove anos. Para a conta corrente, o processo foi ainda mais impressionante, tendo passado de um déficit de mais de 24 bilhões de dólares em 2000 para um superávit de mais de 13 bilhões de dólares em 2006 – nesse caso uma reviravolta de quase 40 bilhões em apenas seis anos. O nível de abertura da economia brasileira – a corrente de comércio (a soma das exportações e das importações) como parte do Produto Interno Bruto (PIB) – que em 1965 estava em 6% e em 9% dez anos mais tarde, hoje é de mais de 24%.

A própria corrente de comércio cresceu 340% desde 1990 e 106% desde 2000. Temos um comércio diversificado com partes comparáveis entre nossos principais parceiros: os Estados Unidos, a União Européia, a América Latina e a Ásia. Só perdemos para a China, e por vezes para o México, em atração de investimento direto estrangeiro no mundo em desenvolvimento. Na área financeira, não dependemos mais do Fundo Monetário Internacional (FMI), temos mais de 100 bilhões de dólares em reservas e já batemos à porta do clube dos países merecedores do *investment grade*. Nosso papel como protagonista internacional é reconhecido por todos. Lideramos o G20 na Organização Mundial do Comércio (OMC), somos o maior país do Mercosul e da América

Latina, atuamos com vigor nos temas universais dos direitos humanos, do desenvolvimento sustentável e da democracia. Somos uma potência agrícola e energética agora reconhecida de forma explícita pelo país mais poderoso do globo.

O mundo, no entanto, também evolui, e nossas realizações devem ser vistas de forma fria, clínica, sem euforias conjunturais que possam atrasar o trabalho que ainda permanece por ser feito. Somos os campeões do 1%. Nossas festejadas exportações, que já foram 2,4% do total mundial nos anos 1950, são apenas em torno de 1% do mesmo total hoje em dia. A abertura comercial de 24% do PIB é mais baixa do que a de vários de nossos competidores diretos nos mercados internacionais, como a Coréia do Sul (69%), a China (64%), o Chile (63%), o México (58%) ou até mesmo a Argentina (37%). Em todos esses casos, como na maior parte dos casos no mundo, o movimento comércio/PIB foi virtuoso no período de bonança mundial dos últimos três ou quatro anos, com o comércio se tornando uma parte maior do PIB, apesar de o PIB também crescer. Crescemos menos do que todos nossos principais competidores, porém ainda assim nosso comércio permaneceu estacionado em 24% do PIB entre 2002 e 2005, contrariamente, portanto, ao mundo como um todo (de 40% para 47%) e aos países que mais tomam nossos mercados no exterior.

A realidade crua dos fatos é que muito de nossa virtuosidade na área externa tem que ver com uma economia mundial que nunca cresceu tanto e de forma sustentada e ancorada no comércio exterior por um período tão longo. A demanda chinesa por *commodities* e o crescimento mundial nos ajudaram muito. No entanto, nós aproveitamos menos em termos gerais dessa situação do que o resto do mundo competitivo. Quase que intuitivamente sabemos que a lição de casa não foi feita de forma que nos tornasse plenamente competitivos. A carga tributária e trabalhista, a burocracia, a lentidão e a complexidade regulatórias, a falta de previsibilidade institucional, os juros mais altos do mundo, que ao mesmo tempo refletem e contribuem para toda essa perversidade de encargos, fazem com que as euforias não passem de fenômenos momentâneos que ofuscam a urgência de nossas pendências.

Temos de recordar que, se nossa economia consegue se dar bem apesar dos obstáculos internos, muito se deve ao processo de reestruturação que se deu desde a década passada, com uma agenda ambiciosa que logrou combinar a estabilização da economia com a erradicação da inflação, a abertura comercial e de investimentos e a responsabilidade fiscal. O resultado mais palpável que nos demonstram os números é que a produtividade no Brasil cresceu em níveis asiáticos no período que se seguiu à abertura de nossos mercados de bens e serviços, de comércio e investimentos, e que os setores mais internacionalizados (exportadores, importadores, no Mercosul e no mundo) foram os que mais se tornaram competitivos por meio de ganhos expressivos de produtividade.

Chama muito a atenção o fato de que, no período que transcorre entre 1995 e o presente, o Brasil não concluiu nenhum acordo que tenha contribuído de forma expressiva para todo o processo "virtuoso" que atualmente orgulha a tantos. Depois de dez anos e milhares de viagens hemisféricas, a Área de Livre Comércio das Américas (Alca) não foi sequer mencionada pelo presidente Bush em visita ao Brasil. Nenhum acordo foi negociado no período com países desenvolvidos, enquanto acordos com parceiros em desenvolvimento produziram muito ruído mas pouco efeito comercial. Há muita crítica aos acordos negociados pelo país: além de não resultar em nenhum efeito comercial relevante, confundem comércio com geopolítica.

A inserção internacional do Brasil não é mais um tema externo. Todos os desafios, as pendências e as estratégias que de alguma forma tocam na questão da internacionalização do país são de natureza interna – dependem de definições internas importantes. Uma atuação externa pautada por objetivos apenas externos, em pleno 2007, não passa de um exercício diplomático *tout court*, desinformado e desconectado das realidades da economia e da sociedade nacionais. Promover assim um debate sobre como encurtar as distâncias entre o externo e o interno, entre os desafios nacionais e a inserção do país no mundo, é mais do que nunca necessário – não apenas para que o Brasil se faça mais presente no mundo, mas também para que o mundo se faça mais presente no Brasil. Os temas internacionais e a própria internacionalização do país podem ser distantes da população, porém afetam diretamente seu bem-estar. Ou o Brasil se prepara para ir ao mundo – antes tarde do que nunca – ou o mundo virá a um Brasil cada vez mais despreparado.

É com o intuito de contribuir, portanto, para um processo que a Federação do Comércio do Estado de São Paulo (Fecomercio) julga da maior importância que o seu Conselho de Relações Internacionais lançou o projeto "Inserindo o Brasil no mundo". O resultado do primeiro esforço deste projeto reflete-se na presente publicação, que versa assim sobre quatro grandes eixos principais – a saber:

- *Nexo comércio–investimento–tecnologia*: Vamos sempre depender de ventos favoráveis? Qual é o verdadeiro nexo entre o comércio exterior e o investimento direto estrangeiro no Brasil? Como estar na vanguarda dos avanços tecnológicos mundiais? Que lugar devem ocupar nesse contexto a promoção, a cooperação e a articulação internacional, e com quais instrumentos?

- *Modelos, aliados, parceiros: que lugar ocupar no mundo?*: O país tem consciência de sua estatura e almeja um lugar no mundo condizente com suas realizações, dimensões, ambições e potencialidades. A atuação brasileira deve priorizar seu entorno geográfico (ou seja, a América do Sul)? Em que medida e a que custo? Priorizar relações com países desenvolvidos ou em desenvolvimento? O país está preparado para atuar em temas internacionais? Está preparado para se defender? Qual enfoque ter em relação a questões estratégicas – de defesa e segurança?
- *A reestruturação do trabalho no mundo*: Estamos à margem do que está acontecendo? Se, por um lado, os mercados globais e a concentração econômica aumentam a eficiência produtiva, por outro, aumentam as desigualdades entre os países e as pessoas, bem como o trabalho precário, e agravam a pobreza. Entretanto, as novas tecnologias genéticas e de informação estão revolucionando os padrões de comportamento e de conforto da sociedade contemporânea. Estamos preparados?
- *Unilateralismo, bilateralismo, regionalismo, multilateralismo*: Que instrumentos nos convêm? Há vários instrumentos dos quais fazer uso na busca de maior inserção do país no mundo: acordos de comércio, acordos de investimento, acordos de bitributação, acordos de cooperação, promoção comercial, políticas de fomento, entre outros. O agir também depende da forma: agir isoladamente de forma autônoma e interna, buscar acordos com um ou vários parceiros, apoiar o multilateralismo.

Este livro reúne assim os trabalhos apresentados em quatro eventos, realizados em 2006, por pesquisadores especializados em cada tema e debatidos por personalidades de renome nacional. As discussões foram as mais democráticas possíveis, tendo como protagonistas líderes de opinião de distintas linhas de pensamento. O objetivo da Fecomercio era o de abrir um debate sobre temas que normalmente têm pouco alcance e se restringem a um público mais especializado. Cada parte do livro corresponde, assim, a um dos quatro temas. O livro se encerra com uma série de propostas para cada tema que refletem a posição da Fecomercio com base nas discussões havidas. As posições tomadas por cada participante estão respeitadas nas transcrições que foram feitas e documentadas pela instituição ao longo do processo.

PARTE I

Nexo comércio–investimento–tecnologia

Inserção externa e inovação na indústria brasileira: desempenho e perspectivas

João Alberto De Negri

Nos últimos dez anos o Instituto de Pesquisas Econômicas Aplicadas (Ipea) organizou e trabalhou um conjunto de informações sobre a produção no Brasil, constituindo um banco de dados que integra informações de vários bancos de dados do governo. São informações de empresas, de indivíduos; um mapeamento da produção brasileira, rico em conteúdo. A partir desse trabalho, é possível analisar as questões relativas a crescimento, inserção externa e inovação.

Uma das primeiras constatações que se podem fazer é a de que, após a quase estagnação de 2003, nos três anos seguintes o Brasil conheceu taxas de crescimento significativas, ainda que inferiores à sua média histórica de crescimento e, também, em relação ao desempenho mundial. Mas há uma questão importante a ser considerada no caso brasileiro: o crescimento se dá atualmente em ambiente de estabilidade econômica, logo depois que o país conseguiu, em um passado recente, reduzir desigualdades. Essas desigualdades sociais, produtivas e tecnológicas são muitas, ainda existem, mas tendem a diminuir, ao mesmo tempo que se verifica a redução da pobreza, fatos que moldam um cenário altamente positivo.

Os juros ainda estão em patamar acima do desejado, mas sua trajetória é declinante e, se assim continuar, algumas importantes restrições ao crescimento e ao investimento no Brasil serão eliminadas. Mas a questão crucial é que, apesar do otimismo com relação à estrutura de produção, não há garantia de continuidade e sustentabilidade do crescimento na economia brasileira se não houver um salto de qualidade na produção. Há heterogeneidade na estrutura produtiva brasileira. Quando se trata de inserção internacional, a literatura diz que países em desenvolvimento deveriam se especializar na exportação de bens intensivos e recursos naturais; os países desenvolvidos, exportar bens produzidos em maior escala e de tecnologia intensiva. Mas o Brasil é um país em desenvolvimento diferente da média mundial e dos demais países em desenvolvimento. Se, por um lado, é altamente competitivo na produção de *commodities*, por outro, coloca bens de maior intensidade tecnológica e mais dinâmicos no comércio internacional. Enquanto seu solo e clima permitem a exportação de soja, o minério de ferro que produz é duplamente mais rico do que em outras jazidas no mundo. Tendo recursos naturais e mão-de-obra, tem também tecnologia e vantagens de escala de produção capazes de promover a inserção em um comércio internacional mais dinâmico.

As estratégias competitivas

O Ipea mapeou a estrutura produtiva brasileira e selecionou, no setor industrial, três blocos de empresas. No primeiro conjunto, as empresas que inovam e diferenciam produtos, que competem por diferenciação de produto e não por preço. No segundo bloco, as especializadas em produtos padronizados, que competem por preço. Qual a diferença entre essas duas estratégias competitivas? No supermercado, por exemplo, existem produtos padronizados – arroz, feijão –, mas podem-se comprar também produtos diferenciados, pelos quais se paga um preço maior. É essa competição, por diferenciação de produto, que o empresariado brasileiro tem feito na primeira camada de empresas. A segunda camada também é formada por empresas eficientes, mas que competem por preço – ou seja, vendem apregoando que o seu produto é mais barato do que o do concorrente, e não que ele é diferente. A terceira camada é composta de empresas que têm problemas de produtividade, de eficiência, etc.

No caso brasileiro a primeira camada de empresas – que competem por inovação e diferenciação de produtos – consegue 30% a mais de preço no mercado internacional, quando comparada às demais exportadoras brasileiras, e, também, participação de um quarto na indústria brasileira. Ou seja, um quarto do valor adicionado da indústria brasileira é composto de empresas cuja estratégia é inovar e diferenciar produtos. Isso é diferente do que ocorre na Argentina, no México, no Chile e em outros países em desenvolvimento. O Ipea realizou trabalho semelhante na Argentina e constatou que lá essas empresas alcançam em torno de 9% do valor adicionado. No Brasil existem 1.200 empresas nessa primeira camada; na Argentina, são cerca de trezentas, quatrocentas empresas, em uma economia que é a segunda mais industrializada na América Latina. No México, a situação não é melhor do que a da Argentina. O Ipea comparou também o caso brasileiro com países desenvolvidos, no caso Espanha, Alemanha e França. Os indicadores revelaram que o Brasil ainda tem de caminhar muito, embora tenha uma base industrial importante.

Inovação e exportação

É desejo legítimo de qualquer sociedade inserir-se em mercados internacionais de maior valor agregado. Mas, em economia, além do desejo, é preciso saber se isso é possível. Para o Brasil é possível, sim. Existem condições objetivas na estrutura produtiva brasileira para um salto de qualidade na produção. Apesar de a estrutura industrial brasileira ser razoável, do ponto de vista da produção, em torno de 40%, 50% dela é constituída por *commodities*. No entanto, a produção de bens de média e alta intensidade tecnológica tem crescido a taxas significativas no país. No mundo, as exportações de *commodities* estão em torno de 12%, 14%, enquanto no Brasil o percentual é de 40%. Vista desse ângulo, a estrutura de exportação brasileira está, de fato, na contramão do mundo. Portanto, a chance de as empresas brasileiras exportarem está associada à inovação tecnológica, diferentemente da Argentina, onde a inovação tecnológica não é fator determinante da exportação. As firmas brasileiras que inovam e diferenciam seus produtos exportam 100% a mais do que as que não o fazem – ou seja, a escala de exportação é maior. Essas firmas conseguem, ainda, um adicional de 30% em relação aos outros exportadores. Além disso, o aumento nos gastos de Pesquisa e Desenvolvimento (P&D) em relação ao faturamento da empresa eleva o coeficiente de exportações das empresas. O que significa isso? Que, no caso brasileiro, a inovação intensiva em P&D – aquela que gera maior conhecimento – é correlacionada e determinante nas exportações, isto é, no aumento das exportações e no crescimento dessas em relação ao faturamento da empresa.

Com relação às exportações, algo mudou na economia brasileira: elas não são contracíclicas, são pró-cíclicas. Ou seja, no passado, sempre que houvesse uma restrição no mercado doméstico, aumentavam-se as exportações, vendendo-se lá fora o que não se conseguia vender aqui dentro. Hoje essa dinâmica não existe mais, alterou-se, e é pró-cíclica. Ou seja, existe o crescimento, as exportações avançam também com ele, e esse crescimento é alavancado pelas exportações. O caso brasileiro é muito bom: se houver investimento existirão ganhos, porque as empresas colocam mais dinheiro em P&D devido a uma grande vontade de investir em inovação, determinada por fatores objetivos como ganhos em lucro, em *market share* e outros.

Na base do emprego, a exportação

O Ipea mapeou todos os trabalhadores com carteira assinada no país – na indústria, no comércio, nos serviços – e constatou que, atualmente, a maior parte da geração de empregos está nas empresas inovadoras e exportadoras, que pagam, efetivamente, os melhores salários. Cruzou-se o crescimento das empresas com suas exportações e com o crescimento da sua produção: verificou-se que as empresas que cresceram acima da média aumentaram suas exportações em 21%; as que cresceram abaixo da média apresentaram menor crescimento nas vendas externas. E a inovação estimula o crescimento? Confrontaram-se as taxas de crescimento setoriais das indústrias brasileiras com o esforço inovador que essas empresas realizaram. Resultado: mais esforço, melhor desempenho. Ou seja, aquelas que cresceram mais, e cresceram acima da média, realizaram um esforço inovador maior.

Também foram analisadas e acompanhadas 15.694 empresas, de 1996 até agora. Classificadas por crescimento inferior, médio-inferior, médio-superior e superior, as que apresentaram maior crescimento foram, justamente, as que fizeram maior esforço inovador. Alguém pode dizer que se as empresas crescem mais investem mais em inovação tecnológica, não existindo, portanto, relação de causalidade. Mas o fato real é que P&D causam aumento no investimento e aceleram o crescimento das empresas no Brasil.

Ao acompanhar essas 16 mil firmas, foi como se o Ipea encontrasse irmãos gêmeos, nascidos da mesma mãe, em 1996 e 1997. Foram agrupadas empresas semelhantes, no mesmo setor, da mesma unidade da Federação; empresas com estrutura de emprego, faturamento, exportação e propriedade de capitais semelhantes, agrupadas em conjuntos em 1996 e em 1997. Foi como separar filhos gêmeos univitelinos que apanharam da mesma mãe, estudaram no mesmo colégio, levaram o mesmo castigo do pai e, depois, foram acompanhados, lá na frente. O diferencial? Um resolveu estudar, o outro, não.

Com as empresas, foi feita a mesma coisa – foram analisadas quais as empresas semelhantes em 1996 e em 1997 que resolveram, ou não, fazer P&D em 2000. Em cada agrupamento de firmas similares avaliou-se o desempenho de cada uma no período recente. Descobriu-se que as que inovaram em processo, em produto, entre 2000 e 2003, investiram 24% e 31% a mais em ativos fixos do que aquelas que não inovaram. Verificou-se, também, que empresas que investiram em P&D no período de 2000 a 2003 apresentaram taxas de investimento superiores às que não investiram.

Essas taxas de investimentos variaram de 14% a 30% de acordo com o aluno, se mais ou menos aplicado. As empresas que investiram continuamente em P&D chegaram a taxas de investimento 30% superiores àquelas que não investiram. Isso, no caso brasileiro, é uma prova significativa de causalidade. Na verdade, se investirmos em P&D em todas as empresas, haverá aumento do investimento e do crescimento de cada uma delas, provocado pelo próprio processo de acumulação. As empresas que investem em P&D criam coisas novas e, por isso, necessitam alterar os seus processos de produção, de fabricação e de comercialização, o que impulsiona o seu investimento e o futuro crescimento. No caso do Brasil, isso afeta, diretamente, o salário e a demanda. As empresas que inovam e diferenciam produtos pagavam, em valores de 2000, salários médios de 1.250 reais por mês, muito superiores às demais, que pagavam R$ 749,00, R$ 431,00, em média. Não pagavam mais apenas pelo fato de o empregado ser mais escolarizado. Aquele que trabalha na empresa que inova e diferencia produtos e ganha 23% a mais está recebendo um prêmio salarial dado pela estratégia competitiva do empregador.

A empresa nacional investe em P&D

Realizamos um trabalho juntando as informações a respeito de quais empresas investem no exterior. No início deste governo debatia-se a necessidade ou não de incentivar a internacionalização das empresas. Todas as empresas com estratégia de internacionalizar sua produção, investindo no exterior, têm reflexos em seus salários e na capacidade de obter preço-prêmio nas suas exportações. Assim, empresas que têm investimentos diretos na Europa e nos Estados Unidos alcançam 17% a 14% a mais de preço-prêmio nas exportações, evidenciando que a internacionalização é, sim, um dos caminhos para fortalecer a produção.

Apuramos que em torno de 80% das empresas nacionais investem mais em P&D do que as multinacionais. Na Argentina, esse diferencial é de 40%. As grandes empresas nacionais investem muito pouco, e as multinacionais menos ainda. Empresas européias, como as francesas, investem em P&D nos Estados Unidos. A empresa francesa investe nos Estados Unidos porque lá tem um laboratório de P&D na universidade, tem o Ph.D. As empresas multinacionais procuram ambiente onde é possível investir. O caso brasileiro é singular, porque há uma relativa capacidade nas universidades, mas o ambiente precisa ser melhorado para atrair mais investimento em P&D vindo das empresas estrangeiras.

Apesar desse retrato positivo do setor produtivo brasileiro, ainda inovamos pouco: o investimento em P&D é pequeno, e apenas

31% das empresas brasileiras são inovadoras. Na Europa chega a 50%, 60%. O investimento em P&D sobre o faturamento das empresas brasileiras é de 0,6%; na França é de 2,5%; na Alemanha, 2,7%. Os três principais problemas são: elevado custo da inovação, grande risco econômico e escassez de fontes de financiamento.

Na verdade, esses três fatores estão intimamente relacionados. Porque, se o risco é grande, haverá escassez, o custo de inovação será elevado, haverá necessidade de linhas de crédito adequadas. No caso brasileiro, menos de 19% das empresas que fazem inovação – ou seja, 19% daqueles 31%, uma margem muito pequena – contaram com financiamento governamental para fazer algum tipo de inovação: 90% dos gastos em P&D das firmas brasileiras são financiados com recursos próprios, do próprio bolso. No caso europeu e de outras regiões desenvolvidas, esses indicadores são substancialmente diferentes: em torno de 50% do financiamento de P&D vem de fundos públicos.

Enfim, foi feita uma grande avaliação dos programas da Financiadora de Estudos e Projetos (Finep), que financiou e tem financiado P&D no Brasil. Verificou-se que existe uma acalorada discussão para saber se o governo estaria fazendo ou não a melhor política ao financiar P&D. E isso por quê? Pela possibilidade de desvio do dinheiro público subsidiado. Mas, no caso brasileiro, essa hipótese não se cumpre, pois, toda vez que o governo coloca 1 real para financiar P&D, a contrapartida da empresa é maior. O financiamento governamental, por menor que seja, faz aumentar os gastos das empresas em P&D.

Por essa razão o Ipea propôs ao governo federal, no começo de 2005, criar um grande programa de financiamento para P&D a empresas nacionais. O objetivo era ampliar de forma significativa os mecanismos de financiamento da Finep, do Banco Nacional de Desenvolvimento Econômico e Social (BNDES) e de outros agentes, fazendo aumentar de 0,6% para 1,5% do faturamento das empresas os gastos em P&D, priorizando aquelas 50 mil companhias que já têm P&D. Isso significaria passar dos atuais bilhões de reais gastos anualmente em P&D para cerca de 13 bilhões de reais anuais, dentro de oito anos. Os recursos seriam subsidiados, até mesmo a custo zero, desde que a empresa cumprisse algumas exigências, por exemplo, ampliar o número de doutores contratados, articulando-se com as universidades. E isso por quê? Porque P&D geram investimentos, trazem crescimento, principalmente no caso brasileiro, constituindo-se em ação de política pública que resulta de uma análise de causalidade e não apenas da correlação entre os fatores econômicos. E o momento é propício porque o empresariado brasileiro alterou sua visão sobre o desenvolvimento.

Diversos indicadores demonstram mudanças naquilo que o empresário pensa a respeito da atuação do Estado, do seu papel, do papel de si mesmo. Observamos um conjunto de evidências de uma nova postura empresarial que permitirá a realização de políticas públicas de forma diferente. Essa postura está voltada para o desenvolvimento, é muito mais agressiva em termos de inovação, de desenvolver capacidades, de entender o que é necessário para competir no mercado internacional.

Mercado global, tribunal da competitividade

Luciano Coutinho

Sempre defendi a importância da inovação e do desenvolvimento tecnológico para o progresso de qualquer país. As atividades de inovação são fundamentais para desenvolver a competitividade, criar empregos de alta qualidade, de valor agregado e oportunidades de investimento numa economia em desenvolvimento. Quero comparar a estrutura brasileira com o que aconteceu no mundo, acreditando que, em termos absolutos, o Brasil não regrediu. Mas em termos relativos o Brasil regrediu, e muito, nos últimos quinze anos.

Em que sentido regrediu? Alguns exemplos: o complexo de tecnologia de informação não avançou quase nada, se é que não regrediu, dentro da estrutura industrial brasileira; na química de especialidade farmacêutica, quase nada; o complexo de bens de capital e de equipamentos que o Brasil, no início dos anos 1980, levou quase à fronteira, esvaziou, ainda que vários segmentos tenham sobrevivido. Como se percebe que essas coisas não avançaram? Olhando o piso desses setores com relação ao resto do mundo. Pois bem, o *market share* global da indústria brasileira, em valor agregado e não em valor da produção (que é o que obviamente importa), que era, no início dos anos 1990, 2,5% do valor agregado mundial, caiu para 2%, mostrando que a indústria brasileira perdeu peso na indústria mundial. A participação da indústria no PIB vem minguando: está em 18%, quando já foi de 21%, 22%, no início dos anos 1990.

Qual é a participação do Brasil em exportações de alta tecnologia? Olhamos com orgulho a Empresa Brasileira de Aeronáutica (Embraer), exportamos celulares, etc. Qual é o peso disso nas exportações mundiais? Nem 1%. O país está parado em 0,5% há quinze anos, enquanto a China saiu de 0,6%, 0,7% para representar, hoje, 6% das exportações mundiais de bens de alta tecnologia. Se olharmos o quadro mundial, veremos que o potencial que a economia brasileira tinha e não realizou é de fazer chorar. Por que isso? Gostaria de deixar a explicação para meu professor Antônio Delfim Netto. Ele usa a imagem correta, descrevendo a estrutura empresarial preparada para largar e ganhar a corrida, mas que foi obrigada a entrar na pista arrastando várias bolas de ferro.

Com um juro extraordinariamente alto, taxa de câmbio absurdamente apreciada e uma carga tributária que só fez crescer e sufocar, não era possível ao Brasil crescer enquanto o resto do mundo se desenvolvia. Não é, portanto, de estranhar que a pauta de exportação brasileira não tenha avançado substancialmente em termos de conteúdo tecnológico. Também não é de estranhar a rarefação das atividades de inovação – ou seu tímido avanço. Das menos de dez grandes empresas brasileiras que se internacionalizaram, apenas seis têm *investment grade* hoje. É muito pouco para o potencial. O Brasil avançou pouco.

Duas provas cabais de que o Brasil ficou aquém de sua potencialidade: a situação da engenharia e o registro de patentes. Enquanto no Brasil o número de engenheiros em atividade no setor produtivo é de 28 mil, 29 mil – caiu e está parado –, nos Estados Unidos são 800 mil; na China 130 mil e, dentro de poucos anos, mais de 300 mil engenheiros ativos no setor produtivo; na Coréia são 100 mil. Esse é mais um ângulo da regressão relativa do Brasil. Da mesma forma ocorre com o número de patentes. O Brasil registrava cem patentes por ano, agora está perto de duzentas. Mas não em razão de algum esforço extraordinário do setor produtivo.

O principal patenteador tem sido a Universidade Estadual de Campinas (Unicamp). A Unicamp disputa com a Petrobras a liderança em patentes porque busca, no sistema de incubadoras, essa liderança. Mas é ridículo comparar as patentes brasileiras com o fluxo de patentes em outros países. Na Coréia, só o estoque de patentes da Samsung é maior do que todo o estoque brasileiro dos últimos anos. O fluxo de patentes se acelera extraordinariamente na China, assim como em Taiwan e em várias outras economias que desenvolveram *clusters* de indústrias e de setores de alta tecnologia. Enquanto não conseguirmos ir por esse longo caminho, que é muito difícil, precisamos ter a noção bastante clara de que as vantagens comparativas são construídas nas sociedades. E são necessárias políticas que construam essas vantagens, que construam setores usuários intensivos de engenharias e setores patenteadores.

Retrocesso e retomada

Apesar de todo esse retrocesso relativo, o que sobreviveu da estrutura brasileira ocorreu em seguida a um imenso esforço de racionalização e busca de eficiência e de qualidade, e tem uma grande capacidade de resposta. A depreciação cambial em 1999 – o primeiro momento da flutuação cambial – e, depois, em 2001 e 2002 provocou uma mudança no desempenho exportador nas áreas de média e médio-alta tecnologia.

O Brasil tem um grande superávit em agronegócios e em setores de *commodities* de larga escala, minerais e outras indústrias importantes. Mas tem um déficit enorme em alta tecnologia, que se formou ao longo do período de apreciação cambial no Plano Real. Mas dois ou três anos de estímulo cambial rapidamente inverteram a balança em média tecnologia. O Brasil passou a ser superavitário em média tecnologia, ou seja, a estrutura brasileira que sobreviveu tem capacidade de resposta. Há uma proposta para melhorar o financiamento em pesquisa e desenvolvimento nas empresas. É preciso reduzir juro, melhorando as condições de financiamento das atividades tecnológicas. A partir dos anos 1990, a maioria dos países que deram certo, que ganharam em políticas industriais e ganharam *share* no comércio global, praticou um paradigma novo de política, fortemente voltado para incentivos horizontais, verticais e setoriais à inovação.

É um anátema para os economistas liberais falar em incentivos verticais ou setoriais, porque as falhas de mercado não são homogeneamente distribuídas entre as indústrias e são altamente específicas por setor. Os processos de avanço e complexidade tecnológica, as economias e formas de aprendizado são muito específicos em cada setor. Assim também a intensidade de capital e a taxa de risco das atividades tecnológicas. Os gastos de P&D variam de 15% a 20% do faturamento nas indústrias do complexo de tecnologia da informação, informática, telecomunicações, eletrônica de consumo, microeletrônica. Em química de especialidades farmacêuticas, variam de 10% a 20% do faturamento. Nos setores aeroespacial e de defesa as taxas são muito altas. Vários países desenvolveram *clusters* de indústrias nessas áreas, em que o Brasil não desenvolveu quase nada. É ótimo subir os gastos de P&D de 0,6% para 1,5%, mas só se no interior da estrutura industrial se desenvolverem setores, cadeias, *clusters* intensivos em inovação; em que o piso no faturamento é necessário porque a velocidade da inovação é muito alta. Mas lembrando sempre a importância de incentivar a inovação horizontalmente, para o que existem políticas praticadas hoje universalmente, embora o Brasil não as adote.

Incentivar para inovar

A lei de inovação está no Congresso há quinze anos para ser regulamentada. Mas foi amesquinhada e derrogada, na prática. Para mérito do governo atual, buscou-se uma nova lei, mais moderna. O Brasil deveria reavaliar sua política de renúncia fiscal porque estamos agregando renúncia fiscal em cima de renúncia fiscal, sem olhar a velha estrutura de renúncias fiscais. Sou favorável, como prioridade, à inovação tecnológica no lugar da renúncia fiscal horizontal. Mas, além das políticas fiscais e do financiamento, que são políticas horizontais, os países dão, hoje, tratamento tributário diferenciado, privilegiado, para cadeias inteiras. A China e a Irlanda fizeram isso para atrair empresas para zonas de processamento especial. A Irlanda criou um instrumento novo de política, a fábrica franca. Por esse conceito, determinados empreendimentos em alta tecnologia – por exemplo, microeletrônica, informática – recebiam incentivos e geravam crédito tributário para quem comprava, como se a empresa tivesse recolhido os incentivos. Quer dizer, produziam os efeitos do crédito tributário para o usuário. A Irlanda tirou proveito, operando isso dentro das regras e com acesso privilegiado ao mercado europeu.

Quanto aos incentivos, não há só incentivos fiscais. Os países combinam um conjunto de políticas de incentivos fiscais, mecanismos de financiamento com diversas modalidades, mais mercado ou menos mercado. Combinam suporte a formação de pessoal técnico, científico, incubadoras, vários conjuntos de política. Então, não é só o aspecto fiscal, pois ele é limitado. Os problemas em cada cadeia são muito específicos, e há que fazer uma política sintonizada usando esse *mix* de instrumentos de maneira adequada a cada cadeia. Na maioria dos casos, não há necessidade de fazer incentivos fiscais pesados a P&D, mas em vários deles existem outros tipos de dificuldade. De todo modo, estou perfeitamente consciente da escassez de recursos fiscais. Por isso, os recursos fiscais são preciosos e devem ser usados com parcimônia e objetividade, dentro daquele teste internacional que sugeri. Herdamos uma estrutura de política setorial dos anos 1960, 1970 e que ainda está aí. É irrelevante se queremos ou não uma política setorial. Ela existe, está aí. Parte dela já ficou inadequada, em razão da Superintendência da Zona Franca de Manaus (Suframa), da Lei de Informática, do Processo Produtivo Básico (PPB), do adicional de frete da Marinha Mercante, estruturas setoriais instaladas. Ao nomeá-las, não estou dizendo que devam ser derrogadas, mas que merecem uma revisão. É preciso ter um orçamento de renúncia fiscal para P&D, mas com um limite. Como esse limite é escasso, precisamos, de forma inteligente, usar isso com flexibilidade.

É preciso, também, reforçar as estruturas tecnológicas para uma política de recursos humanos qualificados. Ou seja, o painel moderno de apoio à inovação é mais amplo, e manejado com grande flexibilidade. Em certos setores há até mesmo uma certa guerra fiscal global pela atração de indústrias e atividades de alta tecnologia. É claro que se poderão argüir os riscos desse tipo de política de dissipação de recursos fiscais numa situação fiscal apertada como é a brasileira. Mas há um antídoto importante para evitar erros nessas políticas: serem feitas com baixa proteção tarifária e integradas ao mercado global, que é um tribunal da competitividade. Isso minimiza a margem de erro na concessão de tratamentos tributários setoriais a determinadas cadeias.

O valor da empresa nacional

Gostaria de sublinhar alguns pontos além daquele que enfoca a relevância da inovação para o desenvolvimento. O primeiro é sobre a importância das empresas nacionais. Embora nos últimos anos as empresas transnacionais tenham começado a descentralizar suas atividades tecnológicas, o grosso dessas ações ainda está nas matrizes. Para desenvolver atividades tecnológicas de P&D em grande escala no país teremos de contar com as empresas nacionais. Isso não é nacionalismo à antiga, mas sim uma constatação. É preciso ter um carinho especial pelas atividades tecnológicas das empresas nacionais, sem hostilizar a empresa estrangeira, mas estimulando-as a melhorar a intensidade de suas atividades tecnológicas no país.

Outro ponto é a promoção de atividades tecnológicas em arranjos produtivos locais, em *clusters* locais. A inovação cooperada entre pequenas empresas é algo complexo de fazer, porque muitas vezes é preciso combinar a iniciativa local, estadual e federal com seus instrumentos peculiares, para poder funcionar. Mas o Brasil já teve e tem exemplos interessantes de *clusters* locais, competitivos em atividades tecnológicas.

Um último ponto importante: em determinadas cadeias a criação de sistemas setoriais deve estar ancorada em grandes empresas. Em petróleo e gás, por exemplo: Petrobras e Petroquímica Brasileira poderiam trabalhar de maneira organizada. Aeronáutica aeroespacial e Defesa são outro complexo que precisa de tratamento organizado. Podemos desenvolver o etanol com uma grande vocação competitiva, mas que requererá, também, um programa mobilizador, estruturado para pensar em um paradigma tecnológico de escala, de logística, para funcionar como grande indústria global. Finalmente, em tecnologia da informação, provavelmente tenhamos de começar de novo, depois de ter jogado a criança junto com a água do banho. A política nacional de informática foi desmantelada de maneira um pouco destrutiva, o que nos dá a oportunidade de começar de novo, mas com um desafio de grande envergadura, pois dentro de quatro a cinco anos a tevê digital estará suficientemente barata para se tornar um fenômeno de massa. O Brasil, como uma das sociedades de maior penetração televisiva no mundo, e um grande mercado, criará espaço para desenvolver segmentos de produção de semicondutores, de partes do processo e de *softwares*. Isso, no entanto, se começarmos a trabalhar desde já antes que a oportunidade se vá.

É preciso um choque de oferta

Octávio de Barros

A questão do investimento em P&D é crucial na melhora da nossa capacidade competitiva de médio e longo prazos. Mas oponho reticências quando se trata dos incentivos não horizontais, principalmente em uma época em que o maior drama é de caráter fiscal, e o maior desafio, o de superar o problema fiscal brasileiro. No fundo, todas as reformas de que o Brasil precisa dependem, direta ou indiretamente, de um esforço muito grande na área fiscal. Vejo com otimismo a nossa indústria – nos últimos anos as exportações praticamente duplicaram como percentual da produção industrial. Passaram de 13%, 12,5%, para 27,5%, segundo um estudo do BNDES, com dados coletados até o final de 2005.

A indústria de transformação – excluindo a extrativa – tem nas atividades exportadoras algo relevante. É difícil imaginar que com a apreciação cambial a nossa capacidade de competição no mercado internacional vá se reduzir de forma muito significativa. Até porque as melhoras de preço, o preço-prêmio das exportações brasileiras, foram muito mais importantes no segmento de manufaturados do que no segmento de *commodities* – como se a grande expansão das exportações tivesse que ver só com o preço de *commodities*.

Dados e evidências comprovam, nos últimos anos, um aumento importante no preço dos produtos manufaturados brasileiros, e isso tem que ver com a capacidade de o país oferecer produtos diferenciados e em condições bastante competitivas, apesar das dificuldades. Do ponto de vista da competitividade nacional, o maior desafio estará no conjunto de reformas que melhorem o ambiente de negócios no Brasil. Acredito que todas as reformas implementadas nos últimos anos tiveram um caráter essencialmente distributivista. Foram focadas na demanda, e a demanda vai muito bem. Estamos vendo o nosso *Welfare State* tupiniquim funcionando, mal ou bem. Sou muito favorável a isso e acho que está muito certo. As políticas sociais têm de melhorar, é necessário evitar fraude e defender outros compromissos éticos. Mas o Bolsa-Família, o crédito consignado, o aumento do salário mínimo, todas as iniciativas recentes no Brasil focaram o lado da demanda.

Mais produção para crescer

O grande desafio competitivo do Brasil ainda não foi iniciado: são as reformas que mirem, de forma exclusiva, o lado da oferta, o lado de quem produz. Porque só isso permitirá ao Brasil encontrar, em algum momento, taxas de juros mais baixas. Precisamos crescer para reduzir taxas de juros, reduzir o custo do capital, ou seja, ao contrário do que o senso comum sugere, "reduzir a taxa de juros para crescer"; precisamos de reformas que se introduzam no modelo e permitam à economia crescer com base na melhora do ambiente de negócios.

No entanto, do lado da oferta, as reformas infelizmente transitam de um ponto de vista fiscal. Nessa linha, a expectativa é de que as iniciativas fiscalistas pavimentem o caminho para reformas do lado da oferta. Certamente reduzir a carga tributária é uma reforma que depende do ajuste fiscal; desonerar a folha de pagamento melhorando as condições de custos trabalhistas; melhorar a precária infra-estrutura, a previsibilidade, o ambiente regulatório; abrir a economia, o que também depende, em certa medida, da parte fiscal. Essas reformas do lado da oferta permitirão ao Brasil crescer mais e, portanto, criar ambiente para reduzir a taxa de juros. Ou seja, só o crescimento a partir de reformas do lado da oferta, que dependem de um esforço fiscal ousado e inequívoco do governo, permitirá reduzir taxas de juros.

Para o sistema financeiro, as evidências são de que a demanda, assim como a oferta, reage bastante bem aos incentivos originários da redução da taxa de juros. Mas a oferta reage mais lentamente do que a demanda. Analisando 35 anos de política monetária no Brasil, observa-se que a demanda reage sempre mais velozmente aos incentivos advindos da queda de taxas de juros. E isso significa um desequilíbrio permanente. Todas as reformas de que o Brasil precisa para alterar isso estão do lado da oferta e necessitam de uma grande determinação do ponto de vista do ajuste fiscal, para liberar recursos, reduzir carga tributária, melhorar a infra-estrutura, liberar recursos para investimentos em P&D, em inovação tecnológica. A própria capacidade de investimentos do Estado depende, essencialmente, de um grande ajuste fiscal. Até mesmo nossos programas de *Welfare State* e sua sobrevivência, a médio e longo prazos, dependem de um grande esforço na área fiscal.

Sabemos que a taxa de câmbio apreciada veio para ficar durante um bom tempo. Quanto mais o Brasil é percebido como um país de melhor solvência, que está na boa direção do ponto de vista dos fundamentos macroeconômicos, mais o real se valoriza. Isso porque aumentam os fluxos voluntários de capitais privados, de investimentos diretos, de aplicações na bolsa; aumentam fontes de financiamento. Não dá para lutar contra. Nessa questão do câmbio as forças gravitacionais ainda vão continuar atuando por um bom tempo no Brasil. Enquanto o Brasil estiver sendo percebido por quem o observa, de fora, como solvente, com estabilidade política e tudo o mais, o país continuará com essa taxa de câmbio por um bom tempo. Assumo o risco de afirmar que a taxa real de juros caminha para um nível até inferior ao de hoje, que é 9,7%. Apostaria que a taxa de câmbio não terá grandes razões para se depreciar de forma substantiva. Faço essa aposta e só o tempo poderá dizer se tenho ou não razão. Porque o mundo vai olhar para o Brasil de forma mais generosa; e mais investimentos, mais fluxos voluntários privados chegarão. Essa é a sina de todas as histórias de sucesso. Países com histórias de sucesso são aqueles que atraem fluxos voluntários privados de capital, e que têm as suas moedas apreciadas. Lamento, mas infelizmente, em regime de câmbio flutuante, não nos é dado o direito de ter preferências a respeito de taxas de câmbio.

A ineficiência é intolerável

Ao mesmo tempo, falta às empresas espaço para recompor suas margens porque o Banco Central atua corretamente, cumprindo o papel de tutor das expectativas dos agentes econômicos. Dessa forma, sem espaço para recompor as margens das empresas e desvalorizar o câmbio, as dificuldades do lado da oferta tornam-se insuportáveis. Ou seja, quando havia espaço para recompor margens, para certa tolerância com relação à inflação, e quando a taxa de câmbio estava mais desvalorizada, as pessoas eram mais tolerantes com as ineficiências da economia. Hoje isso não existe, o que explica – com muita razão – a irritação dos empresários em relação ao precário ambiente de negócios: carga tributária, custos trabalhistas, falta de previsibilidade, péssima infra-estrutura e tudo o mais que dificulta uma reação mais rápida da oferta.

Ausente aquela tolerância, não resta alternativa senão uma atitude reformista que recupere a capacidade de o Estado investir e, ao mesmo tempo, abra algum espaço para reduzir a carga tributária. O grande desafio é entender que não há como escapar desse espaço limitado para o Brasil ser competitivo, a não ser focar no que deve ser focado: melhorar o ambiente de negócios e criar uma capacidade de reagir mais rapidamente aos incentivos da redução de taxas de juros. O que proponho é inverter a lógica: para reduzir a taxa de juros precisamos crescer, e não crescer para reduzir a taxa de juros. Para crescer, precisamos de uma atitude reformista do lado da oferta, quase que de forma exógena.

Da mesma forma o papel do investimento em P&D; proporcionar um bom ambiente à decisão de investimento; melhorar o processo decisório de investimento – isso vai mover o crescimento econômico, permitirá a expansão da oferta e, portanto, a queda da taxa de juros. Ou seja, precisamos *surfar* nessa onda de queda de taxas de juros, criando um ambiente mais propício para o crescimento econômico no Brasil.

Convoco-os a pensar um pouco nos desafios colocados para que o Brasil se mantenha competitivo no cenário global. Não há nenhuma alternativa. Não acredito em políticas verticais. Acredito em políticas horizontais, de aumento da eficiência e de aumento da produtividade sistêmica. Fazendo algum exercício de causalidade, aprendemos que, hoje, o aumento da produtividade também determina o investimento.

Durante muitos anos nós, os economistas, nos formamos na idéia central de que o investimento aumenta a produtividade. Nós temos alguns exercícios que revelam que a questão é bidirecional: o aumento de produtividade gera investimento, quase que de forma exógena. Então, os investimentos em P&D e a criação de um ambiente propício aos negócios permitirão o aumento de investimento na economia. Precisamos comprometer as autoridades com um grande esforço reformista que elimine o medo do afrouxamento monetário. Hoje há um temor muito grande do afrouxamento monetário. No Brasil esse temor já tem mais de trinta anos e se relaciona ao fato de que a oferta reage muito lentamente aos incentivos originários da demanda. Portanto, é preciso aumentar os incentivos para a oferta reagir mais rapidamente, o que só conseguiremos com uma grande determinação do ponto de vista fiscal.

Entre as mais importantes reformas do lado da oferta está a abertura da economia. O Brasil é a economia mais fechada numa lista de 65 países que monitoro mensalmente: nosso coeficiente de importação sobre o PIB é de 9,1%. Não defendo a invasão chinesa ou coisa que o valha, nada disso. Apenas reconheço que, em termos macroeconômicos, um dos problemas é que o Brasil é um país muito fechado. Fez as opções equivocadas no aspecto de negócios, optando por mercados irrelevantes do ponto de vista do nosso comércio. Mas a abertura da economia e o aumento de importação, principalmente de bens de capital, aumentam muito a produtividade sistêmica e nos dão uma colher de chá na inflação. E é do que a gente precisa.

Day after

Acredito que todos os candidatos à presidência da República talvez não tenham a menor idéia e subestimem significativamente a surpresa que teriam no *day after* das eleições, uma vez eleitos, se anunciassem para a sociedade e para o mundo um conjunto de ações do lado da oferta, do ponto de vista da melhora do ambiente de negócios e determinação fiscal num programa de dez anos de redução da relação despesa primária sobre o PIB: os investimentos no Brasil explodiriam e o crescimento seria muito significativo.

Mas acho que nenhum dos candidatos tinha a menor idéia do que seria uma atitude reformista exibida no *day after* das eleições. Isso aqui explodiria literalmente do ponto de vista do crescimento. Porque o problema do Brasil está do lado da oferta, do lado de quem produz, do lado do ambiente de negócios. Quando falo que não temos problema do lado da demanda não me refiro a questões específicas desse ou daquele setor, pois certamente alguns setores estão sentindo uma demanda insuficiente. Mas o Brasil não tem esse problema na questão da demanda agregada. Além do que nosso *Welfare State* cumpre seu papel, melhorando a distribuição de renda no Brasil nos últimos anos. Gostemos ou não, a verdade é essa: o Brasil vem melhorando a distribuição de renda nos últimos anos e vai continuar melhorando.

O crédito consignado vai continuar. Não vejo nenhuma razão para acabar e, ao contrário, será expandido para outros segmentos. Políticas também na área de salário mínimo, etc. Enfim, todas as iniciativas focam o lado da demanda, e não é mais necessário mexer nesse aspecto, que vai ter um crescimento normal. Até porque existe certa demanda estrutural reprimida no Brasil, que será naturalmente desenvolvida ao longo dos próximos anos. Então, no Brasil é fundamental "liberar o espírito animal", como gosta de dizer o ministro Delfim Netto. Para liberar o espírito animal é preciso reformas do lado da oferta. E essas reformas do lado da oferta infelizmente transitam por uma determinação do ponto de vista fiscal, porque todas, mal ou bem, passam pela questão fiscal, pela questão do gasto público. Para liberar recursos para P&D sou radicalmente favorável a um maior investimento público em financiamento – fundamental em uma lista de prioridades. É onde o Estado tem de entrar de forma mais clara. Temos de melhorar, reduzir gastos em várias esferas e fazer um belo ajuste fiscal para realizar as reformas do lado da oferta e permitir que o Brasil cresça.

A ordem é crescer, com o Estado e apesar dele

Antônio Delfim Netto

Fiquei muito entusiasmado com o trabalho do João Alberto De Negri. Acho primoroso, na verdade um foco empírico formidável, cuidadoso, abandonando aquele apriorismo que domina os economistas, de que vantagem comparativa é dada de presente por Deus, e depois cada um que se arrume. Ele mostrou claramente os inconvenientes do que temos feito nos últimos anos. Gostei demais da palestra do Luciano Coutinho, que como sempre acrescentou algumas coisas importantes ao que disse o De Negri e mostrou também que temos, na verdade, de caminhar para trás em nosso processo. Ele tem um conhecimento muito profundo disso e apresentou uma das dificuldades mais importantes, coisas incompreensíveis. A criação das Entidades Públicas Empresariais (EPEs) no Brasil aguardam aprovação há quinze anos, e agora, por conta e obra do governo, está na Comissão de Constituição e Justiça da Câmara Federal. O governo era quem impedia as EPEs. Primeiro foi o PSDB e, depois, o PT. Agora, tiveram um ataque de lucidez, o que sempre acontece perto das eleições, e parece que a coisa está andando.

Também quero dizer que fico sempre muito impressionado com o Octávio de Barros. Ele é um brilhante economista e talvez tenha sido o único sujeito que, na verdade, projetou a idéia de que o câmbio estava muito menos valorizado do que eu suspeitava, e de que ele continuaria valorizado, para a desgraça do Brasil.

Com argumentos irrespondíveis, ele tem se dedicado a uma pesquisa empírica muito interessante, a partir da base de dados do Bradesco, que provavelmente é melhor que a do governo, a julgar pelos resultados do banco.

Entretanto, ainda que eu tenha certa tendência em respeitar muito as objeções do Octávio de Barros, desta vez tentarei ousar divergir um pouco da sua interpretação, na inversão de causa e efeito a que ele se propõe, e que tem alguma coisa muito interessante. Um dos verbos que ele usou me deixa entusiasmado. Ele disse: "Eu acredito". É do verbo crer, quer dizer, é uma coisa importante. A posição dele, apesar de apolítica, não é tanto de uma convicção científica, mas é acompanhada por uma crença. Certamente ele tem alguma razão quando fala sobre essa inversão. Mas eu diria que a objeção que ele faz, em minha opinião pelo menos, não contradiz o trabalho do De Negri. Aquela relação de causalidade entre produtividade, antecipação da prestação cambial e P&D, ou melhor, o fato de pesquisa e desenvolvimento estimularem as exportações, é exatamente o que diz o documento do De Negri. Quer dizer, não há nenhuma contradição.

A prova dos noves da produtividade

A única contradição é sobre o efeito de incentivo horizontal e vertical. Porém, acho que o Luciano Coutinho foi muito feliz, porque ele apresentou o teste. Qual o teste? O teste final é de que, quando se fazem incentivos verticais, é preciso impor, desde o início, uma redução programada da tarifa, que provoca competição interna e implica a sua participação no comércio exterior. Essa é a prova dos noves que estimula a produtividade. Há aqui um grande teste, que é o teste objetivo. Freqüentemente se critica a quem propõe um teste como esse, porque, na verdade, se está propondo financiar, criar os vencedores. Porém, a proposta alternativa é financiar os perdedores. De forma que o programa de incentivo de P&D vertical é absolutamente necessário. Claro que o grosso dos incentivos será no sistema horizontal. Também não acredito nas colocações postas aqui, de que algumas coisas devam ser feitas antes, como o equilíbrio fiscal, a redução da carga tributária, a redução da dívida do Estado. Tudo isso foi tratado no seminário anterior, aliás, belíssimo seminário "Simplificando o Brasil". De forma que todos esses argumentos estão dentro do programa da própria Fecomercio.

O trabalho do De Negri é de grande interesse, na minha opinião. Vai ter influência. Vai começar a mudar a idéia, no Brasil, que nos dominou nos últimos quinze ou dezesseis anos, de que o Estado tem de cair fora de tudo, que o mercado resolve esses problemas, de que basta equilíbrio fiscal e uma dívida menor do que a atual para ajudar o desenvolvimento. Isso tudo é verdade, mas o maior equívoco é pensar que isso pode ser feito sozinho, antecipadamente, sem que coloquemos o país para crescer de novo. Para isso é preciso combinar os dois efeitos, e ninguém vai reduzir a carga tributária do Brasil por um ato de desejo ou um ato político. A atual carga tributária foi construída de maneira trágica durante os últimos doze anos. Estamos esquecidos de que a abertura do governo Collor realmente produziu alguns efeitos muito importantes. Tanto é verdade que, no governo Itamar Franco, em 1993 e 1994, o Brasil já crescia outra vez 5,5% ao ano, com equilíbrio em contas correntes. Isso significava que a taxa de câmbio real estava em equilíbrio. O grande problema era a inflação.

Na tentativa de resolver o problema da inflação, que parecia impossível, nós construímos quatro problemas terríveis. O primeiro deles é que, na verdade, conseguimos um equilíbrio precário sem nunca ter feito nenhum esforço fiscal. Durante todos esses anos, desde o início do governo Fernando Henrique Cardoso, nunca houve o menor esforço fiscal. Começamos com uma carga tributária de 26% do PIB, estamos terminando com 38% do PIB. Isto é, ao longo desses anos, aumentamos a carga tributária em 12%. Isso é absolutamente fantástico. Quando o Plano Real começou, entregavam-se ao governo 90, 94 dias de trabalho; hoje se entregam 140 dias de trabalho. O que o governo fez com isso? Nada. Os empresários tiveram de se ajustar, e quem não se ajustou morreu. Essa diferença de quarenta dias ou pouco mais eram salários, lucros, a possibilidade de reinvestir. A carga tributária continuou crescendo, e continua crescendo, infelizmente. E o endividamento do governo? Quando começaram o Plano Cruzado e o Plano Real, o endividamento líquido era de 30%. O Collor, depois daquelas maluquices dele, tinha praticamente terminado a dívida, tinha trazido a dívida para o que é o *benchmark* de um país como o Brasil. E jogamos fora a única coisa que prestava do que ele fez. Continuamos a reconstruir a dívida, terminando o governo Fernando Henrique com 57% do PIB.

Por que o país não cresce

De onde veio esse crédito? Ele tirou dos senhores. É isso que explica a taxa de juros. O resto é história. Ou seja, ele precisou elevar os juros para colocar os senhores fora do mercado. Esse foi o sistema do que realmente aconteceu. Se ele não tivesse puxado os juros e se a taxa de retorno da indústria não tivesse ficado muito inferior à taxa de juros real, os senhores não teriam cedido recursos para ele financiar o seu buraco. Os senhores saíram do negócio por quê? Porque ele pôde elevar os juros durante todo esse tempo. Estamos esquecidos de que, nos primeiros quatro anos, a taxa de juros real foi de 20%. Agora, de 1999 até hoje, com toda a conversa do Henrique Meirelles, a taxa de juros real continua em torno de 10%, e de vez em quando há um movimento aleatório em torno dela quando se erra a estimativa de inflação. Foi isso o que aconteceu. Esses dois fatores encolheram o crescimento. É óbvio: tiramos recursos do setor mais produtivo, que é o setor privado, e levamos recursos para o setor menos produtivo, que é o Estado. Isso explica por que não crescemos mais. Explica também as duas armadilhas que restaram: a carga tributária bruta e o endividamento terrível. Sobrou ainda um quarto problema, a vulnerabilidade externa. Esse, Deus decidiu nos dar de presente. A partir de 2003, o mundo começou a se expandir, tínhamos liberado o câmbio em 1999, entramos nesse sistema e conseguimos eliminar, isso foi presente de Deus.

Deus que beneficiou tanto ao Fernando Henrique Cardoso, que foi duas vezes ao Fundo Monetário Internacional (FMI) para, na primeira vez, tomar 42 milhões de dólares e, depois, 30 bilhões de dólares. Esse é um país de gente séria que merece uma mãozinha. Deus nos deu de presente, pelo menos, 40 bilhões de dólares, que foram o aumento de preços externos e o aumento do volume de comércio. Isso resolveu o problema. Toda essa história de que tivemos uma grande expansão aqui ou ali, se prestarmos atenção de fato, só metade do aumento de recursos que recebemos foi obra do nosso esforço. A outra metade foi uma mãozinha de Deus para nos ajudar a sair desse buraco.

Portanto, o que me parece fundamental – e hoje começamos a discutir – é o problema do crescimento econômico. A idéia de que o crescimento se fará apenas com equilíbrio fiscal, com o Estado tirando a mão de tudo e só ficar olhando, a idéia de que isso produz um desenvolvimento eficaz, é falsa. O mercado pode ser um excelente instrumento de eficiência produtiva, um instrumento excelente ao manter a liberdade individual. Mas o mercado é, na verdade, um processo competitivo feroz. No mercado, um pisa na cabeça do outro. É por isso que o mercado funciona, mas é incapaz de produzir aquele mínimo de igualdade de que toda a sociedade precisa. Fiquei muito feliz quando o Octávio de Barros disse, logo no início de sua exposição, que esse tipo de participação do Estado é bem-vindo. Eu diria: é também bem-vinda uma certa participação do Estado no estímulo ao desenvolvimento tecnológico, no estímulo a P&D.

PARTE II

Modelos, aliados e parceiros: que lugar ocupar no mundo?

Redes, os novos agentes internacionais

Antônio Jorge Ramalho da Rocha

É uma honra discutir algumas idéias e trazer para este fórum contribuições que a academia, na área de relações internacionais, no Brasil e fora dele, produziu para nos ajudar a dar sentido à realidade.

Na verdade procurei em meu trabalho dar continuidade ao debate anterior, com ênfase no processo de inserção internacional do Brasil, do ponto de vista de agentes e estruturas. Da leitura do texto "A ordem é crescer com o Estado e apesar dele" procurei tirar o foco dos problemas internos apenas do Brasil e chamar atenção para o fato de que são problemas da atual conjuntura internacional, de um processo evolutivo relativamente recente e que nos diz respeito diretamente.

O argumento central é que existe, de fato, uma desconexão entre como o mundo se organiza na forma de Estados nacionais e o modo como formulamos as nossas políticas. Isso é um problema nosso e dos Estados nacionais em seu conjunto, de um lado. Ou seja, o Estado nacional está baseado na infra-estrutura institucional e nos diferentes arcabouços normativos disponíveis para se fazer política. Só que o mundo, propriamente dito, funciona em partes. Essa é apenas uma parte do mundo, é só uma das redes que integram as relações internacionais contemporâneas, o mundo dos Estados e das organizações internacionais.

Outras redes também integram e fomentam processos internacionais importantes, que se misturam ao mundo dos Estados e não são contempladas por esse arcabouço normativo, por normas e leis de que dispomos para implementar políticas públicas. O argumento central é justamente este: é preciso ter em mente e levar em consideração também o papel desses outros agentes no contexto internacional.

Tenho o cuidado de utilizar exemplos de fora do Brasil. É clara a visão de quais seriam, basicamente, as duas aproximações conceituais quanto à análise das relações internacionais contemporâneas. Há uma visão de sistema e uma visão de sociedade. Entre os autores tidos como idealistas nas relações internacionais, ainda prevalece uma visão de sistema internacional, um sistema de Estados organizados em instituições supranacionais, e em organizações interestatais que estabelecem as regras. A OMC, por exemplo, ilustra isso melhor do que qualquer outra organização. São os Estados nacionais que definem as regras do jogo, para dentro, baseados na presunção de que existe uma clara distinção entre o ambiente interno, hierarquizado, com funções diferenciadas, e o ambiente internacional, segundo a literatura, anárquico.

O chicote e a cenoura

Não existem relações de autoridade, mas apenas relações de poder e de interesses no ambiente internacional. Presume-se que exista essa clara distinção entre o interno e o externo. É dessa maneira que ainda se faz boa parte da análise das relações internacionais, e as normas, à nossa disposição para implementar políticas, se fundamentam nessa presunção não propriamente verdadeira quando se olha para o mundo real, o mundo de uma sociedade internacional com normas e dinâmicas próprias que permitem a evolução de diferentes processos internacionais. O crucial é entender que existem relações de poder e relações de autoridade. Parece óbvio, mas é importante salientar pelo menos a distinção entre esses dois conceitos. Falar da relação de poder é tratar da imposição da vontade de um a outros, pela ameaça ou promessa de benefícios, o famoso "chicote–cenoura".

Também existe outra relação, a de autoridade, que se combina com o chicote e a cenoura. A grande pergunta dos cientistas políticos é: por que alguém aceita se submeter, *motu proprio*, a outrem? As respostas mais tradicionais vão à linha weberiana: o Estado estabelece a sua autoridade pela tradição, e as pessoas obedecem porque estão acostumadas a obedecer, ou pelo padrão racional legal, que prevalece atualmente. A cada quatro anos realiza-se uma eleição, e esse é um processo de legitimação da autoridade. Isso nos faz aceitar pagar impostos mesmo sem gostar disso. Entendemos que faz parte de uma necessidade da vida em comunidade. O terceiro padrão de legitimação de autoridade, e que distingue o poder da autoridade, é a aceitação da dominação pelo dominado, é o carisma. As pessoas acreditam que determinados indivíduos são capazes de liderar e aceitam segui-los porque, quando se organizam em grupos é da natureza humana atuar dessa maneira. Isso se dá não apenas entre Estados. Presume-se que, quando se trata de um sistema internacional e se olha para o contexto internacional como um sistema, esse tipo de relação não exista entre os Estados e um Estado não lidera outros. Isso não é verdade, do ponto de vista histórico. Há relações diferenciadas e não apenas interesses entre os Estados. A preocupação dos Estados Unidos com a possibilidade de a Coréia do Norte ou o Irã desenvolverem armamento nuclear se relaciona à idéia e imagem que os Estados Unidos têm da Coréia do Norte e do Irã. Uma preocupação que não têm em relação ao Canadá, à Grã-Bretanha e a outros países aliados. Isso significa que a relação entre eles não é uma relação igual, homogênea, como se presume nesse tipo de literatura, em que o amigo de hoje pode ser o inimigo de amanhã. Historicamente não é o que se observa. É preciso também entender o contexto internacional como uma sociedade em que as relações de amigo e inimigo, e de rivalidade, por exemplo, se estabelecem no contexto internacional como um padrão.

O poder das redes

A grande novidade dessa dicotomia de pensar o mundo como relações de Estados nacionais, de um lado, e pensar o mundo como redes intercaladas, de outro lado, é que isso não se dá apenas entre os Estados nacionais. Agentes são também as empresas transnacionais, organizações internacionais e não-governamentais que se organizam em redes de pelo menos três tipos.

Uma legal, que é a rede dos Estados nacionais. Jogo que conhecemos bem, portanto com organizações, regras de jogo para todos os Estados, etc.

Há ainda um segundo processo de organização que corre à margem dos Estados nacionais: empresas transnacionais, por exemplo, com a sua própria bandeira, cultura, universidade, "política de pessoal" e assim por diante. Com regras próprias até para fazer trocas entre os vários nódulos dessas redes, sem que tal procedimento seja ilegal, e nem por isso plenamente conhecido dos Estados nacionais. Elas se organizam de tal forma que os principais fluxos e processos, isto é, fluxo de informação, de recursos humanos, de recursos financeiros, tecnológicos, de bens e serviços, acontecem à margem dos Estados, que nem sequer ficam sabendo. Por exemplo, na parte posterior de um telefone lê-se que as peças e os componentes foram produzidos em uma dúzia de países. Não é preciso saber onde foi produzida cada peça. E os Estados dispensam essa informação, embora a queiram para taxar da melhor maneira.

Existe também um processo de maior autonomia, de maior capacidade de impor e de traçar as suas próprias estratégias por agentes não-estatais. Alguns desses agentes não-estatais têm boas intenções e atuam para produzir resultados positivos para as sociedades. Outros desses agentes não-estatais têm intenções diferentes. Estes se organizam em um terceiro tipo de rede, que é ilegal. Aí, sim, temos o crime transnacional, os ilícitos transfronteiriços, tráfico de armas, de entorpecentes, etc. No começo de meu texto, chamo a atenção para um fato a que o próprio chanceler Celso Amorim já se referiu: na América do Sul estamos tentando construir uma integração dos Estados nacionais com o objetivo de combater ameaças comuns. A integração entre tráfico de drogas e tráfico de armas já existe na América do Sul. Não gostamos disso, mas é uma realidade. Essa rede paralela e seus processos não se desenvolvem totalmente à margem do Estado, mas se misturam com ele. Em alguns países esses líderes fazem campanhas, elegem representantes, corrompem funcionários públicos, etc. No Brasil não temos esse problema, então podemos ficar mais tranqüilos.

A rede dos Estados nacionais de que nos ocupamos é a rede com base na qual organizamos nossos discursos, nossas propostas políticas e, importante, é preciso participar. Mas, como isso é só uma parcela da realidade, as outras parcelas dessa mesma realidade precisam ser consideradas na implementação de políticas públicas, se quisermos políticas públicas eficazes, que produzam resultados para o país em seu conjunto. Nosso encontro, aqui, é uma evidência da maior participação na sociedade brasileira de agentes não-estatais. Em princípio, do ponto de vista da análise tradicional das relações internacionais, não seria de esperar que uma federação, como a do comércio, tivesse esse tipo de preocupação. Mas, é muito importante que tenha, pois isso diz respeito ao nosso cotidiano. O fato é que, no nosso caso, essa liberalização e maior abertura comercial se deram de maneira mais ou menos desordenada. Isso aconteceu a partir do governo Sarney, mas a grande abertura foi no governo Collor, fazendo a sociedade brasileira se interessar gradualmente por assuntos de política externa e, também, de defesa nacional.

A defesa nacional

Uma parte do meu trabalho, hoje, no Ministério da Defesa – e não falo em nome do Ministério da Defesa – é envolver a sociedade brasileira na discussão de temas relativos à defesa nacional, porque a maioria da academia brasileira ainda não acordou para esse assunto, apesar das experiências vividas em São Paulo, promovidas pelo PCC. E isso é um problema mundial, não só nosso. Essa desconexão entre, de um lado, a organização do mundo apenas na forma de Estados nacionais e de organizações intergovernamentais e, do outro lado, a realidade dos processos econômicos, tecnológicos, culturais, educacionais, financeiros, comerciais, etc. em redes é um problema que todos enfrentam.

É possível imaginar um *continuum* que iria de uma visão extrema do mundo dos Estados a uma visão extrema de uma sociedade em redes. Se depender da área das relações internacionais, haverá maior participação da sociedade e dos agentes não-estatais, ou uma participação menor desses agentes. Quando se trata, por exemplo, de defesa propriamente dita, de negociar acordos de não-proliferação de armas nucleares, de tecnologia nuclear, envolve-se um círculo muito pequeno de pessoas do Estado. Mas, se o assunto é meio ambiente, direitos humanos, comércio, a participação é cada vez maior. É também cada vez maior o número de agentes organizados que elaboram a agenda de discussão, participam politicamente fazendo *lobby* em outros países e não apenas no seu próprio governo, mas atuando nas organizações internacionais, nas não-governamentais, nos Congressos, na União Européia, etc. Com base nas condições tecnológicas atuais, o

Greenpeace, por exemplo, consegue articular uma ação em vários ambientes políticos distintos, a fim de colocar seu tema na agenda. Outras organizações também são capazes disso.

A projeção das fronteiras

Quando se trata de limites territoriais perguntamos: onde está, de fato, a fronteira? Quais os limites territoriais dos Estados Unidos? O Departamento de Estado e o Departamento de Defesa trabalham com as fronteiras políticas traçadas nos mapas. Mas o conceito de fronteira com que o Office for Homeland Security trabalha é o lugar onde se dá o encontro entre um agente situado na sociedade americana e um agente fora da sociedade americana. Os funcionários dessa agência burocrática americana, criada para a proteção interna, são separados da missão precípua do Departamento de Defesa e do Departamento de Estado. Então, Estado e Defesa cuidam do que é externo, e o Office for Homeland of Security cuida daquilo que é a proteção *homely*, a proteção doméstica. Esses funcionários fiscalizam os contêineres nos portos de partida e não nos portos de chegada. Se exporto de Roterdã para os Estados Unidos, tenho de aceitar que um fiscal americano vistorie meu contêiner ao porto de Roterdã. E por um contrato, ou um tratado, autorizo o governo americano a abordar o navio em águas internacionais, se por acaso surgir alguma informação, entre a saída e a chegada ao porto, de que pode haver alguma ameaça terrorista que ponha em risco a sociedade americana. Aqui, a fronteira está projetada em Roterdã.

E isso acontece em todos os portos. É um problema que nos diz respeito. Os americanos não obrigam as pessoas a fazer isso, mas dizem: "Se quiserem vender para o meu mercado, terão de vender sob essas condições, porque privilegio a segurança da minha população". Nesse caso, onde estão o externo e o interno?

À margem dos Estados

Outro exemplo, a internet. Onde ocorrem os encontros entre o sistema financeiro e internacional? Os mercados *off shore* são um sistema em grande medida auto-regulado, sem um Banco Central que o controle. Por isso, o preço é mais barato, os custos de transação, menores, e os riscos, maiores. É uma rede que corre paralela. Ninguém sabe onde acontece esse encontro no mundo virtual. Está em toda parte, e não interessa exatamente qual servidor físico está sendo utilizado. Interessa é o processo em si. Segundo a área das relações internacionais, estamos mais próximos dessa clara definição do que é a jurisdição dos Estados e a coincidência dessa jurisdição com os limites territoriais, políticos, estabelecidos tradicionalmente e que, no caso da Europa, costumam mudar com alguma freqüência. E, de outro lado, um mundo em redes em que essas jurisdições são menos claras e as relações de poder e de autoridade são mais espontâneas e ao sabor da vontade das partes.

De novo, um excelente exemplo do comércio: as grandes empresas recorrem cada vez mais à arbitragem internacional para resolver problemas, porque a arbitragem dispensa o direito internacional público em favor do direito internacional privado. Permite contratar especialistas no assunto, que em prazo de meses darão um parecer que será aceito. A alternativa tradicional seria recorrer aos governos e pressioná-los para uma consulta na OMC. Mas no mundo dos Estados isso leva anos, e não se sabe se a decisão será cumprida ou não.

Cada vez mais os agentes privados dessa rede paralela, paralegal, estabelecem as suas próprias regras, que não desservem nem descumprem normas dos Estados, mas ocorrem à margem deles.

Os certificados ISO são exemplos desse fenômeno. O que é o ISO? Um grupo de especialistas se organizou e afirmou ser capaz de dar um parecer dizendo quem segue os procedimentos administrativos adequados. As pessoas pagam por isso. Eles têm autoridade para fazer isso, porque há quem lhes dê essa autoridade e os reconheça nessa competência. Se Allan Greenspan criar um *site* e disser "vou dar consultoria", a opinião dele vai ser ouvida, porque ele conquistou, com seu trabalho, a autoridade para impor temas a uma agenda internacional. Esses processos hoje são muito mais fluidos e ocorrem ao longo do tempo nessas três dimensões: tanto no plano legal – aquele de que nos ocupamos mais freqüentemente –, quanto nesse plano paralegal, como também no plano menos conhecido por nós, o ilegal, criminoso propriamente dito e os seus vários tráficos.

Liberdade positiva, liberdade negativa

Chamo a atenção para estes dois conceitos: liberdade positiva e liberdade negativa. Esses conceitos são de Isaiah Berlin, que nos anos 1950, em um belíssimo ensaio, disse que há dois tipos de liberdades fundamentais: a liberdade positiva, a lei que estabelece o que você pode fazer, então está escrito na lei – ao ler a lei sei aquilo que é permitido –; e a liberdade negativa, aquela esfera da atividade humana em que você pode atuar sem ninguém lhe dizer o que não pode fazer.

Essas duas liberdades se relacionam a culturas distintas. A cultura latina, em geral, procura prever tudo o que os agentes e os indivíduos podem fazer, e coloca isso na legislação. Ela procura, portanto, ir atrás daquilo que os indivíduos fazem. Mas a criatividade humana, a capacidade de inovação, é tal que os indivíduos criam mercados, novas atitudes, novos procedimentos não previstos na lei. Até o sistema jurídico e o legislativo entenderem o que acontece – o mundo já se transformou. Nas últimas décadas, as transformações ocorrem num ritmo mais acentuado e as culturas que procuram regular tudo o que for possível não conseguem acompanhar a evolução dos acontecimentos. Na cultura anglo-saxã, se não fazem o que é expressamente proibido, devem ter a liberdade para ousar. As leis e o sistema jurídico usam bom senso, capacidade de interpretação e o caso-a-caso para avaliar se houve má-fé.

Há, claro, erros no sistema jurídico deles, como há no nosso. Mas coloca-se uma espécie de camisa-de-força para o que as pessoas podem fazer, o que explica, em alguma medida, a maior capacidade de inovação dessas sociedades.

É um aspecto cultural que se revela também na estrutura tributária. Nesses países, a estrutura tributária é muito mais explícita, não há impostos embutidos, as pessoas sabem quanto pagam de impostos. Numa compra qualquer as pessoas sabem quanto do que pagam vai para o governo, porque prevalece a percepção de que se deve privilegiar o indivíduo, e de que o dinheiro do governo não é do governo e, sim, da população. Por meio de um governo, o Estado se apropriou daquele recurso para prover serviços; por isso, as pessoas querem saber quanto pagam de impostos. Nas culturas latinas – e no Brasil também – é o contrário: os impostos são embutidos. Eu desafio qualquer pessoa a dizer quanto paga de imposto. Nós só sabemos que é muito. É um problema muito sério, é parte do ambiente cultural em que estamos inseridos e que é preciso mudar. Mas como? Por meio de processos políticos. O primeiro passo é ter consciência de que na nossa cultura prevalece esse tipo de visão de liberdade, que não tem origem em uma herança histórica, mas passa pelo Estado. Nas culturas anglo-saxãs é o indivíduo o foco principal da sociedade. Ao Estado cabe atrair investimentos e criar condições para que sua população possa ter acesso a essas redes globais, dinâmicas e produtivas no contexto internacional. O problema não está em ameaças militares, mas nas ameaças difusas, na vulnerabilidade do país em relação a processos que podem ser deletérios para a segurança nacional. A questão não é preservar as riquezas e imobilizá-las, apropriando-se de um conhecimento e trancá-lo, mas integrá-las a culturas que permitam criar um ambiente produtivo e com maior tendência à inovação, com todos os aspectos positivos que esta possa trazer.

Inserção na rede global

Mas qual modelo adotar? Devemos pensar em termos de parceiros estratégicos ou em termos de áreas estratégicas? Esse debate foi proposto na linha de como se formula a nossa política externa. Isso não é uma crítica, mas é assim que pensamos a realidade internacional. Existem dois modelos: o tradicional, que se atém ao mundo dos Estados; e o modelo de redes, mas redes na sua forma complexa, nas três dimensões já citadas. Dependendo do modelo, é possível fazer propostas, criar condições para políticas públicas específicas levarem a uma ou a outra direção. Talvez caminhar na direção de uma maior inserção da economia brasileira na economia internacional? Só que, agora, de maneira concertada, direcionada, com políticas públicas na área industrial, nas áreas de ciência e tecnologia, de defesa e agrícola, e que se combinem com a política exterior, de modo que o país escolha quais os setores de inovação serão privilegiados do ponto de vista da nossa inserção nessas redes globais de produção e de trocas de conhecimento, recursos financeiros, recursos humanos.

Em outras palavras, nessa economia da informação, interessa muito mais a capacidade de inovação da sociedade. Interessa a mim, se sou governante, tornar o meu território parte dessas redes globais de produção, porque isso vai trazer recursos, investimentos. Um exemplo no interior da União Européia. Em abril deste ano, a Volkswagen tinha um dilema na forma de duas opções: renovar uma fábrica na Alemanha, para produzir esses carros utilitários, carros do tipo 4X4, etc., ou abrir uma fábrica em Portugal. Em Portugal significava uma diferença de custo de produção de 1.300 euros por unidade. A Volkswagen fechou a fábrica alemã, construiu em Portugal, e ouviu todos os protestos. Do governo alemão, que ficou com menos empregados, portanto, mais desempregados, mais gente pedindo salário-desemprego, menos recursos e menor arrecadação, porque é uma fábrica a menos para pagar impostos. A tendência é homogeneizar os custos produtivos. Portugal entende claramente a necessidade de criar um ambiente atraente aos investimentos. Isso explica a importância de pensar nesse segundo modelo, nessa rede.

Quando se trata de agentes, pergunta-se: quais os agentes importantes? Dou o exemplo do Hezbollah, que faz parte do contexto internacional contemporâneo. Muitos dizem que isso não nos diz respeito, mas como poucos grupos o Hezbollah se revela um agente, um grupo político integrado, com uma clara relação hierárquica, regras do jogo bem estabelecidas para dentro do grupo, age na legalidade, é um partido político, da base de sustentação do governo, atua na paralegalidade e oferece uma rede paralela de serviço social maior que a do governo do Líbano. Mas também atua na ilegalidade, lança mísseis, pratica atentados terroristas. Entende perfeitamente o funcionamento dessas redes e nelas atua.

Um problema do contexto internacional contemporâneo é a chamada guerra contra o terrorismo. Os americanos declaram guerra contra o conceito. E o terrorismo é um conceito, não se localiza fisicamente em lugar algum. Os americanos identificam materialmente uma rede, portanto também uma ameaça difusa, dizendo que "a Al-Qaeda é o meu inimigo, então vou atacar a Al-

Qaeda". Mas, em vez de atacar a Al-Qaeda, mobilizam as instituições do Estado e investem contra outros Estados nacionais que presumivelmente apoiariam essa rede. Eles adotam uma reação política tradicional contra Estados nacionais, fazem a guerra tradicional, embora identifiquem um problema de natureza da sociedade internacional em rede.

No caso do Ministério das Relações Exteriores, nossa política externa atual identificou os ambientes nos quais tem mais competência para produzir resultados. Atua nos fóruns multilaterais, e nesses fóruns multilaterais se fala menos em meio ambiente e em direitos humanos do que há dez anos. Como esperado, o Itamaraty formulou sua política nos termos tradicionais, e com bastante competência conseguiu ampliar a capacidade de atuação do governo na ONU, do ponto de vista do conceito de segurança (onde as decisões políticas relevantes acontecem), e na OMC, onde a voz do Brasil é incompatível com o seu 1% de participação no comércio internacional. É mais influente em termos políticos do que se poderia esperar de um país com a sua economia.

Integração internacional

Outras áreas do Estado brasileiro se internacionalizaram de outras maneiras. A negociação da dívida externa era tarefa do Itamaraty, mas, aos poucos, transferiu-se para o Ministério da Fazenda e o Banco Central, logo após a queda do governo Collor, com a chegada do ministro Marcílio Marques Moreira. Aprofundou-se nos governos Itamar Franco e Fernando Henrique Cardoso. O Ministério da Fazenda e o Banco Central assumiram esse papel. A sociedade se internacionaliza, e isso é bem evidente em Brasília. Outras agências do Estado, como o Ministério da Saúde, agências reguladoras na área de saúde, de telecomunicações, agrícola, de comércio exterior, todas essas agências se aparelham e se capacitam para participar da formulação da política externa brasileira. Em algumas áreas elas definem substantivamente o que fazer e o caminho a seguir, sendo a participação do Itamaraty acessória.

Ou seja, a nossa internacionalização levou o Estado brasileiro a ficar mais complexo de forma que outros agentes do próprio Estado participem mais efetivamente da formulação da política externa do que antes. Dois exemplos.

Um refere-se à integração regional; outro diz respeito a esse descompasso, à internacionalização da economia. O foco da atual política externa brasileira é ainda nos Estados. No modo como se colocam essas disputas, como no âmbito da OMC, para ganhar algo em troca da abertura do meu mercado, prevalece a mentalidade de atuação do Itamaraty a partir da realidade internacional em que atua. Quando negocia na OMC, em vez de expressar seu interesse em abrir unilateralmente um setor específico porque isso vai trazer mais inovação para a política industrial, de ciência e tecnologia e educacional, prefere dar algo em troca se houver liberalização agrícola ou liberalização de outros países com relação a outros setores. Isso ocorre em outros países e se prende a uma visão de Estados e do mundo em que as negociações comerciais são um jogo de soma zero. Ou seja, abre-se o mercado com uma contrapartida equivalente.

Talvez isso não seja o mais interessante para a economia do ponto de vista de longo prazo, da inserção econômica no comércio internacional. O Itamaraty já ouve e aceita que é possível inserir o Brasil no comércio internacional também a partir dessas redes globais de produção. Mas para isso é preciso definir aonde queremos chegar, quais setores privilegiar e com base em quais políticas.

A questão da segurança jurídica é clara. Quando se trata da integração na economia mundial, observa-se uma heterogeneidade. Dependendo do setor, o Brasil é importante nas redes globais de produção: siderurgia, setores automobilístico, agrícola, de serviços, financeiro e de moda. Há quinze anos éramos párias do ponto de vista do sistema financeiro internacional, não tínhamos a confiança de ninguém, risco Brasil elevado por causa de quebra de contratos, etc. Hoje, isso mudou porque houve a recolocação do Brasil nesse sistema. Mas quanto à Alca, por exemplo, houve um claro prejuízo. Ao se tirar a ênfase da negociação no âmbito hemisférico, perdeu-se uma oportunidade histórica de vincular mais estreitamente a economia brasileira à economia americana, a mais dinâmica do mundo hoje e pelos próximos anos. Do ponto de vista da inserção produtiva nas redes globais mundiais, a Alca teria sido algo a favor e não contra. Além do que, no plano mercantilista, negociando bilateralmente com os nossos vizinhos, os americanos têm mais condições de conseguir um acesso privilegiado aos mercados do que nós. Fazendo acordos também conseguiremos, mas o grau de acesso ao mercado que os americanos conseguem normalmente é muito maior do que nós conseguimos. Tem sido assim.

Integração regional

Quanto à integração regional, há um descompasso entre a ênfase no Mercosul e a criação de uma comunidade sul-americana das nações. O Paraguai e o Uruguai, nossos parceiros menores, ficaram frustrados porque tinham a expectativa de diminuir o desequilíbrio político em relação ao Brasil por meio de uma instituição supranacional, mas que o Brasil nunca permitiu criar, porque, com a regra de consenso, mantém sua influência.

Para a Argentina prevalece o padrão histórico de que, por um lado, o Mercosul é acesso privilegiado ao mercado brasileiro e, por outro, contrapeso à influência dos Estados Unidos. Não é um projeto de integração. Talvez o Mercosul devesse ser redimensionado para tornar-se uma área de livre comércio, que ainda não é. É área de livre comércio, sim, mas incompleto, imperfeito. Do ponto de vista político, talvez fosse muito mais realista perguntar o que queremos. Se é apenas uma área de livre comércio, então vamos fazer uma área de livre comércio.

A entrada recente da Venezuela traz mais problemas do que soluções para o Mercosul, por causa das suas posições políticas no contexto internacional, e como contraponto aos Estados Unidos. Enquanto é apenas um vizinho com discurso incômodo é fácil lidar com isso, mas, quando passa a ser parte de um bloco em que nós estamos envolvidos, essa percepção pode se transmitir para o Brasil e para o Mercosul e seu conjunto. E de fato não interessa. Essa região esteve relativamente tranqüila, distante dos conflitos internacionais, e não interessa ao Brasil se inserir nesses conflitos internacionais contemporâneos. A pior coisa é os americanos dizerem: "Muito bem, temos problemas muito sérios também na América do Sul e vamos começar a resolver esses problemas". Esse tem sido o padrão do atual governo americano.

Integração e segurança

É possível dividir o contexto internacional nessas várias dimensões, pensando sempre em termos daquele mundo dos Estados: de um lado, governos negociando acordos no âmbito de organismos internacionais e, de outro, a simultânea interação dessas várias redes que nos envolvem no que chamamos de relações internacionais. Isso do ponto de vista da produção econômica. Do ponto de vista da dimensão política é preciso entender ou buscar um equilíbrio entre o que seria maior segurança na região e maior liberdade de atuação, e buscar novos parceiros fora da região.

Quando deixou o poder, Fernando Henrique disse a Lula que a segurança deveria ser sua grande preocupação. Fernando Henrique falava de segurança pública e sabia do que tratava.

Segurança, entretanto, também é do território e da população brasileira, e aqui caberia discutir a questão da deterioração nas Forças Armadas. Essa deterioração começou durante o regime militar e se acentuou nos últimos governos. Não há uma crise conceitual, pois os militares têm uma clareza muito grande sobre qual uso fazer das Forças Armadas, mas a sociedade brasileira ainda não disse o que delas quer. A guerra é um fenômeno horroroso; as pessoas preparadas para fazer a guerra são preparadas para matar. Então é preciso refletir com muito cuidado a respeito dessa idéia de multifuncionalidade. As Forças Armadas brasileiras estão, sim, se preparando para atuar em situações que a Constituição determina como garantia da lei e da ordem, mas isso é o reconhecimento de uma realidade. Há uma crescente demanda para atuar nessa área. É melhor que estejam preparadas, e alguma experiência vem sendo adquirida no Haiti, por exemplo, mas isso não quer dizer que essa deva ser a missão das Forças Armadas. Pessoalmente sou contra, essa é a posição oficial do governo, e nesse caso concordo plenamente com o discurso oficial. Entretanto, a deterioração é um fato. A sociedade brasileira ainda não se reconciliou com as Forças Armadas, e não parou para refletir. Estamos fazendo contratos com gerações de estudantes que entram nas academias, fazendo um "contrato" com a nação brasileira pelos próximos trinta anos. Não sabemos qual o tamanho que queremos para as Forças Armadas.

Emocionalmente, ainda não conseguimos superar os traumas que restaram do regime de 1964, na sociedade e entre os militares. Um dia precisamos parar, olhar para trás e ver acertos e erros. Durante o regime militar houve muitos acertos, como no atual governo há acertos e erros. Todo governo que realiza acerta e erra.

É preciso entender isso para alocar os recursos nessa área, com uma visão de longo prazo, para o tipo de Forças Armadas que queremos. Como resolver esse problema de segurança com o enorme descompasso entre as expectativas da nossa população e sua efetiva capacidade de participar desse mundo mais dinâmico e inovador que vê no cinema, na tevê? É uma tensão brasileira permanente, de maneira mais acentuada que nos outros países, mas não é um problema só nosso. Como resolver?

Com relação à política externa brasileira, uma de suas grandes contribuições ao mundo, e acentuada nesse governo – pelo menos essa é a percepção de analistas –, é a de possuir valores, como o da solução pacífica de controvérsias, da atuação no multilateralismo, da solução negociada de fronteiras. De fato, democracia é um valor nosso também. Temos as nossas peculiaridades, como qualquer país terá no seu conceito de democracia. Mas há aqueles requisitos mínimos e que, felizmente, nós absorvemos. Foi um aprendizado longo, tortuoso, difícil, duro e caro para a sociedade brasileira – mas isso é parte dos nossos valores. Do ponto de vista das prioridades da nossa política externa, chamo a atenção para a necessidade de identificar quais os setores em que valeria a pena investir de forma mais concertada e consistente, com projetos de longo prazo, sustentados pela sociedade brasileira em seu conjunto, e não por políticas específicas de governo. Viver é perigoso e está ficando cada vez mais perigoso na nossa região.

Prioridade à defesa nacional

Amaury de Souza

O professor Antônio Jorge, uma das grandes revelações do mundo acadêmico brasileiro, alia formação teórica a uma atividade prática, direta, na área de defesa nacional, tema tradicional e historicamente desprezado pela academia. Em um mundo assolado por conflitos, sobretudo de natureza terrorista, é indesculpável não termos no meio acadêmico brasileiro um interesse maior e mais profundo por defesa nacional, segurança coletiva e as relações entre a segurança externa e a segurança pública em nossas ruas.

Vou ressaltar alguns pontos de sua exposição. Primeiro, a clareza com que apresentou o fato de que as dimensões interna e externa da atuação internacional de um país, em grande medida, já se desfizeram. Na verdade, é difícil saber onde termina a política doméstica e começa a política internacional, ou até que ponto eventos no nosso entorno ou no restante do mundo têm efeito direto sobre o dia-a-dia das nossas sociedades. Ele dramatiza essa questão lembrando o novo conceito de fronteira implícito na atuação do Homeland Security Department dos Estados Unidos: a fronteira está onde está a ameaça aos Estados Unidos. É um conceito de fundamental importância para o Brasil, porque é um dos poucos países do mundo, a exemplo da China, que têm fronteiras com muitos outros países. Como temos uma fronteira múltipla, é preciso enfrentar as ameaças antes que elas se revelem e se expressem dentro do território nacional.

É importante, portanto, discutir um conceito mais flexível de nossas fronteiras na América do Sul, para não sermos surpreendidos, como temos sido, pelo intercâmbio no tráfico de armas e de drogas ao longo delas, sobretudo na região amazônica.

O segundo ponto extremamente importante na exposição é a contraposição entre uma política externa tradicionalmente voltada para Estados-nação e a emergência de uma nova estrutura de redes que podem ser legais, como aquelas baseadas nos fóruns multilaterais de negociações, e paralegais, onde estão as empresas. O Brasil já desponta como sede de importantes empresas multinacionais, e, portanto, essas empresas estarão necessariamente engajadas nesses processos de redes paralegais.

Finalmente, há as redes nitidamente ilegais, formadas fundamentalmente pelo narcotráfico e pelo terrorismo, com alguma extensão na imigração ilegal, na pirataria de bens, produtos e serviços.

Visão de longo prazo

Terceiro, a liberdade positiva, tradicionalmente associada aos Estados, e a regulamentação das suas políticas externas em regras, em tratados; e a liberdade negativa dos agentes não-estatais, isto é, aqueles que reconhecem ser tudo legítimo desde que não seja proibido por lei, em vez da liberdade positiva, segundo a qual só posso fazer o que a lei me faculta e determina de que forma devo atuar. Aproveito para corrigir uma observação a respeito da percepção que a população tem dos impostos, que seria típica de sociedades onde prevalece uma concepção de liberdade negativa. É importante que o cidadão saiba: o dinheiro dos impostos paga os serviços públicos. Várias associações empresariais do Brasil, por iniciativa da Associação Comercial de São Paulo, realizaram este ano uma mobilização popular, chamada "De olho no imposto", colhendo 1,5 milhão de assinaturas que resultaram em projeto de lei, que deve ser aprovado pelo Congresso Nacional, obrigando a nota de venda de produtos a explicitar o montante de impostos embutidos no seu preço.

Na verdade o cidadão brasileiro pode, facilmente, saber quanto paga de impostos sobre o consumo, escamoteados da sua visão. No *site* "De olho no imposto", a calculadora mostra quanto o cidadão paga de impostos sobre a renda, o patrimônio e o consumo. O "impostômetro" também mede a voracidade fiscal do Estado brasileiro. E, finalmente, o "Feirão dos impostos" mostra, produto a produto, o montante de impostos embutido em seus preços finais. Portanto, a noção de *liberdade negativa* está difundida entre as empresas internacionalmente e infelizmente se estende por todo o país.

O professor ressaltou um ponto fundamental: a necessidade da visão de longo prazo. A política externa do Brasil – aí incluída a política de comércio exterior – não pode se dar ao luxo de operar com uma visão imediatista. O Brasil depende, para a sua inserção internacional, do uso da racionalidade, da sua capacidade de olhar décadas à frente. Para isso não precisamos ser chineses nem pensar a situação de Taipé ou de Taiwan cem anos adiante. Mas, seguramente, pode-se pensar a situação de nosso entorno pelo menos vinte anos à frente, prazo para o petróleo ainda ter peso fundamental na matriz energética do país. Nesse caso estão ao nosso redor duas grandes ameaças: Venezuela e Bolívia.

Existem algumas áreas de desenvolvimento dos conceitos sugeridos pelo professor Antônio Jorge a partir do instrumental analítico de outro estudioso de relações internacionais, o professor Joseph Nay, que divide a questão do poder nas relações internacionais em três áreas: a econômica, a geoestratégica, que é fundamentalmente a militar, e aquilo que ele chama de *soft power,* ou seja, o poder de persuasão, em vez do poder do dinheiro ou das armas.

Para o professor Nay essas três dimensões não são necessariamente coerentes entre si e quase nunca, ou talvez nunca, estão sendo igualmente exercitadas por todos os países. São áreas de oportunidades para a política de relações exteriores de qualquer nação.

Quanto ao econômico, apenas duas observações. A primeira é a importância assinalada pelo professor Antônio Jorge sobre a criação de oportunidades para investimento. Estamos num mundo em que nenhum governo nacional terá, no médio prazo, condições de reter recursos econômicos, sejam eles humanos, sejam materiais, se os fatores básicos de produção, principalmente custos e capacidade de inovação, forem desfavoráveis. A Alemanha pode torcer o nariz para a transferência da fábrica da Volkswagen para Portugal, mas a Alemanha não daria subsídios à Volkswagen nacional para permanecer no seu equivalente de São Bernardo do Campo. Usar fundos públicos para salvar empresas cuja equação de custos é insolúvel é uma luta perdida. Podemos argüir que a culpa é da política econômica, por não ter reduzido os juros como deveria, por não equilibrar o PIB como deveria, por não ter uma política industrial, seja o que for. É muito importante essa idéia de que a luta não se faz em termos de protecionismo, mas para criar condições efetivas de segurança jurídica, de quadro regulatório estável, ambiente propício para os negócios, para que possamos então de fato ter uma posição competitiva nesse processo de integração.

Como segundo ponto da área econômica, é mais do que passada a hora de separar o Itamaraty da política de comércio externo. Temos necessidade de um equivalente ao United States Trade Representative, abrigado no Ministério do Desenvolvimento,

Indústria e Comércio Exterior ou em qualquer outro lugar, mas uma autoridade titular do comando do comércio exterior brasileiro, fora do Itamaraty.

Corrida às armas

No aspecto geopolítico, a palestra do professor Antônio Jorge dá indicações preciosas, começando pela ênfase clara na importância das ameaças difusas, todas de característica transnacional. Eu não reduziria a zero a probabilidade dos confrontos militares tradicionais nem creio que o professor o fizesse. Isso porque a própria contabilidade dos conflitos militares na América Latina nos últimos vinte anos não descreve um panorama de invariável paz e tranqüilidade; ao contrário.

É que não prestamos atenção no número de pequenas guerras, sobretudo na América Central, nos conflitos de fronteira, um dos quais o Brasil arbitrou, recentemente, entre Peru e Equador. Há possibilidade de outros conflitos, agora entre Venezuela e Suriname. Esses conflitos se multiplicam. Portanto, a guerra militar tradicional ainda existe, e já teve início na América do Sul uma nova corrida armamentista, liderada pela Venezuela, com a instalação de uma fábrica de fuzis Kalashnikov no país, a compra de novos jatos Sukhoy, da Rússia, e a sua aparente disposição bélica de defesa contra um inimigo inominado. É preciso lembrar que a Venezuela tem fronteira com a Colômbia, que faz, há quarenta anos, um grande esforço militar em razão da luta contra a guerrilha interna. As fronteiras apontam em direção ao Peru como próximo candidato. O Chile está suficientemente armado e preparado para ameaças externas. Como num dominó, esse processo vai se espraiando ao redor de nós.

Portanto, as ameaças difusas são essenciais na nossa geopolítica, e nesse particular o Brasil está numa posição razoavelmente desfavorável para enfrentá-las. Desfavorável, primeiro, no plano estratégico e, segundo, no plano organizacional e de recursos de suas Forças Armadas, haja vista a denúncia do verdadeiro processo de seu desmantelamento conceitual, organizacional, material e humano. Devo lembrar e ressaltar com toda a clareza que a culpa não cabe aos comandantes militares.

Na verdade, o Brasil passou por um processo de sucateamento das suas Forças Armadas que teve início no governo militar. Foi a partir dos governos militares que os recursos destinados às Forças Armadas passaram a cair, constante e proporcionalmente ao PIB, hoje atingindo níveis históricos que nem sequer permitem que se pense em reequipar as três armas de modo minimamente compatível com a escala continental do país. Não sei se o número ainda é exatamente esse, mas consta que o Exército brasileiro dispõe de cerca de sessenta ou setenta helicópteros para transporte de tropas. Em oito milhões de quilômetros quadrados, é menos do que uma gota no oceano.

Defesa e segurança interna

Portanto, além da parte operacional, do sucateamento de equipamentos, do pouco investimento na formação de recursos humanos, as três forças fazem das tripas coração para os avanços, apesar de tudo, nos programas de qualidade do gerenciamento do material humano e bélico das Forças Armadas. Há ainda a luta constante da Marinha para avançar o projeto do submarino nuclear. Mas é pura força de vontade.

Nesse sentido, as Forças Armadas talvez se ressintam do ostracismo a que foram relegadas no processo de redemocratização do país, e se ressintam de uma discussão mais aprofundada sobre o aspecto mais propriamente conceitual ou estratégico. É evidente que avanços têm sido feitos. Por exemplo, o deslocamento da nossa visão estratégica tradicional, antes voltada para a Argentina e o Sul, agora direcionada para a Amazônia como um todo, não apenas para o estado do Amazonas, mas para toda a área coberta pelo chamado Tratado da Amazônia, que engloba vários países no entorno da região norte. E o reconhecimento do oceano Atlântico como outro elemento fundamental do entorno estratégico brasileiro. Tudo isso são avanços, mas é preciso ir além.

Necessitamos avançar em pelo menos três áreas. A primeira é adotar, desde já, a noção da multifuncionalidade das forças de defesa e de segurança, isto é, não podemos mais nos dar ao luxo de separar Forças Armadas, Polícia Federal, polícias estaduais. Tudo isso constitui e deve constituir um único conjunto de forças de defesa e de segurança. O exemplo é Israel. Ao atacar o Hezbollah, ele não separa das funções militares as funções policiais e vice-versa. As Forças Armadas devem agir como polícia quando necessário, e a polícia como força militar quando for preciso. Isso decorre da noção difusa e cambiante das nossas fronteiras.

Em segundo lugar, nossa política de defesa deve deixar bem claro que não serão aceitos territórios no nosso território nacional onde o Estado não tenha soberania. Não se pode admitir que forças policiais não consigam entrar em áreas de favela. Não se pode permitir que nenhuma área do território brasileiro não tenha a soberania do Estado exercida diariamente.

Terceiro, a política nacional precisa se orientar pela noção da preempção das nossas ameaças externas. Não podemos esperar que uma força política, como o Hezbollah, se assenhore, com o apoio de potências estrangeiras, do equivalente ao sul do Líbano. Não digo que não tenhamos nenhuma ameaça nesse sentido, mas países no nosso entorno a têm. Lembro até de maneira jocosa, por saber que é pura retórica, a oferta do Movimento dos Sem-Terra (MST) de enviar as suas forças para ajudar o presidente boliviano Evo Morales a nacionalizar os latifúndios dos brasileiros em Santa Cruz de la Sierra. É uma piada. Mas até quando? Até quando alguma potência estrangeira não se interessará por essa possibilidade de instalar pequenos "sul do Líbano" ao nosso redor? Portanto, visão de longo prazo e visão de preempção. Não podemos esperar sermos invadidos para reagir.

Valor, cultura e religião

Finalmente, duas ou três palavras sobre a questão do *soft power* ou o poder de persuasão. Aqui talvez seja a área em que a política externa brasileira tenha sido a um só tempo mais bem e menos bem-sucedida. Mais bem-sucedida porque no passado foi o Brasil e a diplomacia brasileira que capitanearam temas dessa agenda de persuasão, como meio ambiente e direitos humanos. Tivemos nos anos 1970 e 1980 um papel de liderança nessa área. Então um país que não tem o peso econômico necessário para confrontos mais decisivos no plano das organizações multilaterais, como agora, na Rodada Doha da OMC, e que também não tem um poder geoestratégico sequer para uma atuação consistente no seu entorno geográfico, teve e exerceu com brilhantismo a sua terceira dimensão de poder, que é o poder de persuasão, o *soft power*? Menos por culpa tanto do Brasil e da sua diplomacia, e mais por uma mudança geral no mundo em relação a esses temas, perdemos claramente a nossa liderança e deixamos de aproveitar oportunidades reais ainda a nosso dispor.

O professor Antônio Jorge trata do aprofundamento da interdependência, isto é, a maior inserção internacional do país, e realça a influência dos elementos normativos na agenda. Eu traduziria isso assim: na agenda da política externa brasileira é preciso uma defesa clara, aberta e corajosa de valores. A política externa hoje tem uma dimensão de valores que é clara, ilustrada de maneira negativa pela força do fundamentalismo islâmico, e de forma positiva, ainda no plano religioso, pela presença forte da influência de igrejas evangélicas liberais ou conservadoras. A própria Igreja Católica perdeu terreno nessa área, mas nem assim se eximiu das tarefas de realçar os elementos de valor e normativos de uma agenda internacional.

Raça e democracia liberal

Enfim, o Brasil tem duas grandes oportunidades. A primeira é contrapor-se à onda de multiculturalismo que varre o país a partir da importação um pouco tardia de modelos norte-americanos e europeus. Não temos valorizado aspectos importantes do Brasil, como a nossa adesão ao ideal de democracia racial, de multiculturalismo que já praticamos na nossa cultura pela integração da cultura africana, da cultura européia, da cultura indígena, daquilo que nos faz um verdadeiro caldeirão de raças e de culturas distintas. Esse aspecto precisa ser realçado, em vez de simplesmente nos dobrarmos à moda do dia.

O segundo ponto, importantíssimo, tem que ver com outro aspecto destacado pelo professor Antônio Jorge, que é a nossa adesão no plano formal à cláusula democrática. O Brasil já disse claramente que não aceita parcerias internacionais com países que não praticam a democracia.

Aqui eu acredito que precisamos dar um passo à frente. Praticar a democracia, a União Soviética também dizia que praticava. Não é suficiente ter eleições plebiscitárias, em que a oposição é coagida, como na Venezuela. A democracia que o Brasil deve defender é aquilo que entendemos por democracia liberal, uma democracia em que as instituições estejam protegidas e façam o jogo de contrapesos e contrapressões ao poder do Executivo. Ela exige um Judiciário independente, um Legislativo que não seja desmoralizado todos os dias pelo Poder Executivo, partidos políticos independentes e uma imprensa livre. Democracia simplesmente como eleição é inaceitável, é forma sem conteúdo. Os nossos valores são a defesa da democracia liberal e do mercado, e isso deveria estar refletido na nossa política externa. Nesse sentido, penso também em termos das redes paralegais, que se posicionam na questão da cláusula democrática.

Lembro, por exemplo, o Foro de São Paulo, criado em 1990 pelo agora presidente Lula, que logo teve a adesão do hoje presidente Hugo Chávez, da Frente Sandinista, da Frente Farabundo Martí e das Forças Armadas Revolucionárias da Colômbia, atuando como uma rede paralegal em todos os países da América Latina, a começar do México. Lopes Obrador também pertence ao Foro de São Paulo. Portanto, é hora de criar um foro contrário, internacional, que defenda os valores que estão na Constituição brasileira. A Constituição brasileira é claramente a favor da democracia e do mercado. Isso deveria estar na frente da atuação da nossa política externa.

Itamaraty mudou, mas o jogo ainda é do Executivo

Lia Valls Pereira

O trabalho do Antônio Jorge traz certa crítica quanto à formulação da política de comércio exterior brasileiro e a relação entre os interesses domésticos e os interesses da rede nessa formulação.

Comparar a formulação da política externa brasileira com a formulação da política de comércio exterior nos Estados Unidos é difícil, pois lá ela constitui uma prerrogativa do Congresso. Sendo assim, e se lá se vive uma democracia, pressupõe-se que a formulação dessa política explique os diferentes interesses dos segmentos da sociedade americana que estariam expressos nos seus representantes no Legislativo.

Ao contrário, a formulação da política de comércio exterior brasileira sempre foi prerrogativa do Executivo. Os acordos comerciais têm de passar necessariamente pelo Congresso, mas, digamos, passam por passar. A política externa nunca foi tema importante para o Congresso brasileiro nem para a sociedade brasileira. Para ser bem objetiva, devo reconhecer que a economia brasileira era extremamente fechada, não havia realmente essa preocupação.

Em relação a isso, dois comentários. Primeiro: o Itamaraty mudou? Mudou, e já mudou há algum tempo, porque o grande tema da política externa brasileira sempre foi a Guerra Fria, a questão norte–sul e seus problemas de inserção, na América do

Sul e na América Latina. Segundo: a agenda internacional mudou, os temas econômicos e comerciais passaram a fazer parte da agenda da política externa brasileira.

E aí está o primeiro problema: de que modo a sociedade e os segmentos da sociedade influenciam essa política? Não temos canais claros e institucionalizados para identificar de que modo os diversos setores da sociedade provocam algum impacto nessa política – é o mesmo problema das redes: como os setores domésticos influenciam sua política? Mesmo para quem não gosta da Alca, ela foi importante porque despertou certo sentimento de ameaça.

O governo faz as redes

A crítica à política externa brasileira tem de ser contextualizada. Em relação a isso, volto à questão tratada pelo Amaury de Souza, que afirma ser preciso tirar a negociação do Itamaraty. Negociação é trabalho de diplomatas. Mas, como a própria agenda externa é muito mais complexa, ninguém imagina que o diplomata entenda de tudo. Ainda que entendesse, seria impossível, pois a questão afeta o próprio governo, que cria, a seu modo, as redes entre os seus ministérios. Antigamente havia assessorias internacionais que funcionavam muito bem e que, se não me engano, acabaram na época Collor. Como recriar essa rede dentro dos ministérios e como os ministérios ouvirão a sociedade civil, os setores empresariais, os diversos setores da economia? Esse é o primeiro ponto. A gente precisa criar isso de uma forma clara. Ninguém vai dizer que o setor empresarial nunca influenciou o Itamaraty na política externa, mas influenciava, mediante segmentos importantes. Nessa questão de defesa dos próprios interesses, basta lembrar um exemplo flagrante na década de 1980: a atuação de empresas brasileiras nos países árabes e africanos. Chamava-se a isso diplomacia econômica.

Exemplo típico da atuação das redes: a defesa dos direitos de propriedade intelectual. Como isso entrou na agenda internacional? Foi um grande *lobby* da indústria farmacêutica norte-americana, todo mundo sabe disso, não tem nada demais. É *lobby* de uma rede, porque a indústria farmacêutica norte-americana funciona em vários países, coloca isso na agenda da Rodada Uruguai e ela passa a fazer parte de todos os acordos.

Um último ponto, em relação à questão do Estado: qualquer acordo comercial não é neutro; tem gente que perde, setores que ganham, faz parte da coisa econômica. Portanto, essa agenda de acordo passa necessariamente por uma política de Estado. Por quê? Quem vai compensar setores que estão perdendo? Quem vai melhorar o arcabouço para minimizar o impacto de determinado setor? Se tiver desemprego, ninguém vai bater na porta da rede, porque a rede não resolve problema de desemprego. Vamos bater mesmo é na porta do Estado, dos governos. Essas relações são muito mais complexas, mas o tema dos governos ainda é prioritário, especialmente quando se trata de agendas de política externa.

Acordo, estratégia e produção

Em relação a áreas e parceiros, minha impressão é a de que o professor Antônio Jorge defende a idéia de que a agenda brasileira deve focar mais a questão de áreas estratégicas. Celebrar um acordo com a Ucrânia na área espacial e, ao mesmo tempo, celebrar acordos com outros países, não são coisas incompatíveis. Não falo exatamente de acordo, mas de acordos de cooperação em que os países identificam interesses próprios. Essa agenda é muito importante – o Brasil tem um interesse enorme não só na área aeroespacial como na de biodiesel, da qual esperamos um futuro brilhante.

Essa discussão, entretanto, não é incompatível com a idéia de ter parceiros. Acordos comerciais, queiramos ou não, são uma realidade. Ainda mais com os impasses na negociação de Doha. A própria OMC estima que atualmente existam trezentos acordos em vigor no mundo. Há um matiz muito diferente, como neste debate, por exemplo, em que a idéia é de que acordo comercial não é só uma questão de agenda política, mas, atualmente, uma estratégia de concorrência entre os diversos setores. É bom lembrar que o acordo vai além de discutir preferência de mercado. Um exemplo simples: quando os Estados Unidos fizeram negociação com os países da América, uma das regras estabelecia que o fio utilizado em todo o vestuário feito na América Central teria de ser de origem regional. É lógico que as empresas têxteis brasileiras ficaram extremamente preocupadas, quiseram então ir para a América Central porque a partir de lá exportariam para os Estados Unidos ou venderiam para os países da América Central. Fazem o vestuário e exportam. A importância do acordo não é só uma questão de parcerias estratégicas. Querendo ou não, a agenda de acordos comerciais faz parte das agendas de política externa e de alguma forma do mundo dos negócios.

Antes de focar o terceiro ponto, ainda ligado ao assunto, permitam-me uma observação: o professor ressaltou a importância da participação nas cadeias produtivas. Concordo. Um estudo da Conferência das Nações Unidas sobre Comércio e Desenvolvimento (Unctad) revela como é fundamental estar dentro das cadeias produtivas locais, desde que se garanta minimamente que parte do valor adicionado dessas cadeias dentro do nosso território seja realmente fator de valor adicionado. O trabalho da Unctad revela que alguns países estão aumentando muito a sua participação nas exportações de manufaturados no comércio mundial. Mas o valor adicionado da manufatura nos territórios nacionais não tem aumentado. Esse não é o caso do Brasil. Até por ter um mercado interno grande, é difícil imaginar que as empresas multinacionais venham aqui simplesmente para adicionar pouco valor e utilizar o país simplesmente como uma plataforma de exportação.

O professor também chamou a atenção para a questão da agenda, ao que vou me contrapor em razão de uma dúvida – deu-me a impressão de que ele considera um desserviço o final das negociações da Alca.

Independentemente de ter acordo ou não com os Estados Unidos, é bom lembrar que o grande drama do acordo com esse país, o Mercosul ou a Alca, não era apenas uma questão de acesso ao mercado. Mas o que era, exatamente?

A sociedade teria de resolver os temas e a normativa da Alca, que é um pouco a normativa do Nafta, o que não era interessante. Há repúdio geral às cláusulas de investidor privado e Estado. Conheço poucas pessoas que aprovam essa cláusula ou que a consideram interessante. Os próprios países que a assinaram têm tido dificuldades em assimilar tal cláusula.

A sociedade brasileira está pouco disposta a fazer grandes mudanças na área de legislação de direito de propriedade intelectual. Enfim, não se fez o acordo mais por uma questão de acesso ao mercado do que por outras razões. Os acordos comerciais, atualmente, trazem credibilidade e, às vezes, ajudam a montar as nossas próprias regras domésticas. É preciso saber se queríamos essas regras. E também lembrar que o impasse nas negociações não é só do lado do Mercosul. Em parte também a própria agenda americana, colocada depois do Trade Promotional Authority (TPA) de 2001, torna essa negociação um pouco mais difícil. Não que ela não seja importante, mas é muito mais complicada do que aparenta ser, e é importante os Estados Unidos fazerem esses acordos com todos os países da América do Sul.

O Mercosul é importante

Faço uma análise crítica acerca da orientação da política de acordos brasileiros. Além de a gente ter o péssimo hábito de fazer grandes acordos, assinar objetivos maravilhosos sem explicar como se chega lá – como é o Tratado de Assunção, por exemplo –, na hora em que negociamos com vários países aqui da América do Sul só sabemos negociar mercadoria, como se não existisse mais nada além disso. São exatamente nesses países que se teria a oportunidade de sentar a uma mesa e discutir outros temas, como serviços e investimentos. Isso é muito mais complicado e acaba causando impacto no Mercosul, que tem milhões de coisas negociadas nessa área e muito poucas implementadas. Com relação à OMC, concordo com o professor: foi um grande ganho da política externa. Mas a política externa brasileira não é só a questão da OMC. Para mim, desde o início da década de 1990 a questão da agenda de acordos comerciais tem sido apresentada como importante e prioritária.

Algo mais em relação ao Mercosul, que o professor comentou superficialmente, afirmando que o Mercosul talvez seja melhor como área de livre comércio. O tema do Mercosul é importante. Argentina, Paraguai e Uruguai são parcerias estratégicas. A grande questão é, mais uma vez, resolver assimetrias. Não somos a União Européia. Se tivéssemos os recursos da União Européia, as assimetrias estariam todas resolvidas, investiríamos no Paraguai, no Uruguai, etc. Mas há limitação de recursos. Então qual é o custo que o Brasil quer pagar? O Brasil não tem de dizer que é líder. É naturalmente protagonista dessa história pelo seu tamanho. O custo que o Brasil está disposto a pagar para manter o Mercosul é tema importante e tem de ser pensado. Tem de ficar bem claro qual é o custo. Se se conceber o Mercosul somente como uma grife, a percepção política de ganhos dos nossos vizinhos será pequena. É isso que tem de mudar no Mercosul; e para mudar tem algum custo para o Brasil.

Algumas vezes setores empresariais mostraram que não consideravam interessante o mecanismo de adaptação competitiva. Então, esse diálogo para fazer avançar o Mercosul tem de ser interrompido. O Mercosul começou como uma iniciativa exclusivamente do Executivo, principalmente da chancelaria dos países que o formam – portanto o Mercosul é um projeto político. Só que, para sustentar qualquer acordo de integração, segmentos da sociedade que integram esses acordos precisam perceber que ganham mais com ele. Por que estar no Mercosul se consigo a mesma coisa não tendo o Mercosul? Esse é o grande tema que a gente tem de pensar: o Mercosul é um instrumento importante ou não para os diversos setores da sociedade brasileira atingirem os objetivos desejados? Quanto estão dispostos a pagar por isso?

Consenso nacional faz a política externa

Marco Aurélio Garcia

Esse diálogo, esse encontro é muito importante, na minha avaliação. Temas de política externa evidentemente têm de ser discutidos com o conjunto da sociedade brasileira. Entendemos a política externa como um instrumento de projeção do Brasil no mundo, um elemento substancial do nosso projeto de país. Não há nenhum projeto de país consistente e sério que não faça da política externa um dos elementos centrais de sua inserção no mundo e da forma pela qual também o mundo o vê.

Há um conjunto de idéias extremamente interessantes no trabalho do professor Antônio Jorge, e um dos elementos importantes a considerar, nessas observações preliminares, é que a política externa do Brasil e dos países, de maneira geral, é hoje confrontada com essa duplicidade de ter de contemplar a dimensão do relacionamento entre Estados nacionais. Isso não é pouca coisa. Há poucos anos, na nossa região e em outras partes do mundo, dizia-se que os Estados internacionais tinham desaparecido.

A globalização econômica foi percebida por muitos como uma espécie de diluição do Estado nacional, que, para mim, traria conseqüências extremamente complexas, inclusive para a vida social e política dos nossos países. Como essa tese não prosperou muito, hoje temos, de certa maneira, a reabilitação da noção de Estado nacional, mas, ao mesmo tempo, o reconhecimento de que a política externa se dá, sem dúvida nenhuma, a partir de uma série de outras. Eu até não quero insistir tanto nas redes delinqüenciais, mas tratar mais daquilo que as redes têm de positivo hoje, sejam elas de natureza econômico-financeira, de natureza social, sejam de movimentos sociais. Além disso, há o próprio fato de que nos últimos anos passamos a falar de uma opinião pública mundial e suas expressões intensas, até mesmo em alguns episódios nesses últimos anos.

Quando digo que a política externa é um elemento consubstancial da nossa política externa e da nossa política interna ou do nosso projeto nacional, tenho de fazer referência às mudanças pelas quais o país passou, basicamente nas últimas duas décadas e meia. Por um lado, a crise daquilo que muitos chamam de modelo nacional desenvolvimentista, que se materializou no final dos anos 1970, começo dos anos 1980, as décadas perdidas em que o país viveu de forma eclética a definição de seu futuro. E, finalmente, os resultados pouco exitosos, pelo menos do ponto de vista da dinâmica de desenvolvimento do país, daquelas orientações baseadas fundamentalmente no que se convencionou chamar de Consenso de Washington. De qualquer maneira, de tudo ficaram heranças. A construção de uma nova agenda para o Brasil, como de resto para praticamente todos os países da América do Sul, alguns até mesmo mais próximos do Brasil, passa pelo enfrentamento de alguns temas decisivos.

Crescer e distribuir renda

O primeiro deles é que vamos ter de, efetivamente, retomar o crescimento do país. Essa questão me parece crucial. Durante cinqüenta anos, o país teve taxas altíssimas de crescimento, de 6%, 7%. Ainda que esse crescimento tenha sido acompanhado de algumas perversidades como concentração de renda, de poder e de conhecimento, foi, de qualquer maneira, o responsável pela emergência do Brasil moderno. Então as velhas gerações se acostumaram ao crescimento. As novas gerações perderam o sentido do valor crescimento ou desenvolvimento. Esse crescimento tem de atingir novos patamares, não pode mais ficar restrito aos índices que tivemos até agora, sobre os quais há explicações. Mas, enfim, não podemos nos conformar com isso.

Em segundo lugar, esse crescimento tem de ser de um novo tipo, estar alavancado, entre outras coisas, por um forte processo de distribuição de renda, que nos permita criar no país um grande mercado de bens de consumo de massa. Isto é, que não seja um país de 40% ou de 35% ou até mesmo de 50%, mas que tenha dinâmica de ser um país de 100% e criar um círculo virtuoso.

Em terceiro lugar, evidentemente distinto dos períodos anteriores, sobretudo do período desenvolvimentista, esse crescimento tem de definir de forma muito clara as suas condições de financiamento. No período desenvolvimentista tivemos taxas elevadas, mas, ao mesmo tempo, turbulências macroeconômicas muito grandes, surtos inflacionários duradouros – que muitas vezes beiraram a hiperinflação, endividamento externo elevado. Então aprendemos as virtudes de um equilíbrio macroeconômico e a necessidade de realizar essa difícil equação de combinar crescimento com estabilidade macroeconômica.

Ao mesmo tempo, outro desafio importante é reduzir a vulnerabilidade externa, porque nossa economia, mesmo que extremamente integrada – e deve se integrar muito mais no mundo –, não deve ser vulnerável a esse mundo. Deve estar protegida das intempéries financeiras que conhecemos, as que passaram e as que podem nos perturbar.

Finalmente, há mais dois fatores, não tão claramente econômicos e sociais, e nem por isso menos importantes. Um deles, evidentemente, é que tudo isso se dê num marco de expansão da democracia no país e por meio de uma reforma das instituições que leguem um Estado moderno, um sistema político reformado, capaz, efetivamente, de expressar cada vez mais a vontade popular e de enfrentar todas as perversões que o nosso sistema político apresenta. Um Estado adequado a essas novas funções não tem de ser nem pequeno nem grande.Tem de ser necessário às tarefas que a sociedade define.

Óbvias relações bilaterais

E o último elemento é, sem dúvida nenhuma, a sua inserção internacional. Nesse particular, o tema de uma integração regional é muito importante, porque estamos convencidos de que, apesar de todo o peso que o Brasil tenha e que possa vir a conquistar no futuro, nós, sozinhos, teríamos uma inserção muito menos competitiva do que aquela que faríamos em conjunto com outros países da região. Para isso há duas iniciativas importantes. Uma está constituída e tem problemas graves no momento atual, sobre os quais temos de nos debruçar (a Lia Valls tratou de alguns deles com muita propriedade), por exemplo, o Mercosul e a Comunidade Sul-Americana de Nações (Casa), que está em processo de construção e sobre a qual depois farei referência.

A política externa brasileira tem várias dimensões, e uma dimensão de relações bilaterais. Não vou fazer aqui um inventário dessas relações bilaterais, ainda que algumas delas interessem de forma particular, como o caso das relações com a Bolívia e com a Venezuela. São relações óbvias, porque envolvem grandes países que têm relevância no nosso entorno. Nossas relações com a Argentina têm uma importância histórica que nunca poderá ser descartada. As relações com os Estados Unidos têm uma importância também central, que não podemos de maneira nenhuma ocultar, da mesma forma que as nossas relações com a União Européia e, dentro dela, com alguns países em particular. Esse rol de relações, que chamo de relações bilaterais óbvias, foi o que nós procuramos aprofundar.

Há atualmente um excelente relacionamento com a Argentina, e espero que se aprofunde de forma limpa e consistente. Há um excelente relacionamento com os Estados Unidos, com a União Européia – em particular com alguns de seus países, como Reino Unido, França, Alemanha; agora com a Espanha e, seguramente, com a Itália, cuja grande aproximação não se limita ao âmbito da diplomacia, pois tem produzido efeitos econômicos e comerciais enormes. Econômicos na medida em que têm aberto a possibilidade de investimentos de que tanto necessitamos, e comerciais porque o comércio exterior com todos esses países teve uma modificação positiva extraordinária.

O comércio exterior dobrou no atual governo, e as perspectivas são de se intensificar esse crescimento. Mas temos também novas parcerias bilaterais relevantes com a China, Índia, Rússia, África do Sul, países que têm perfil semelhante ao nosso e com os quais também operamos uma grande transformação nas nossas relações econômicas e comerciais. E algumas parcerias mencionadas no texto do professor Antônio Jorge, relevantes porque abrem perspectivas de nichos específicos de relacionamento.

Temos um projeto concreto na área espacial com a Ucrânia. Com a Índia, uma aproximação muito forte, em razão da *expertise* dos indianos em matéria de fármacos e de *softwares*. Não por acaso estamos abrindo uma série de novas embaixadas, uma delas no Cazaquistão. Alguém pode dizer: mas que coisa mais estranha o Cazaquistão! No entanto, quero chamar a atenção da Federação do Comércio para isto: as oportunidades que se abrem para nós no Cazaquistão são extraordinárias, de grandes volumes. Aquelas empresas brasileiras que têm mais percepção do mundo já estão se instalando lá, junto com a embaixada, para aproveitar as oportunidades desse país, que é a oitava superfície do mundo e será em breve o quarto maior produtor de petróleo, urânio, minérios e outras coisas. Enfim, também queremos cultivar esse tipo de bilateralismo *sui generis*.

Eixos geográficos, geopolíticos...

Temos buscado também estabelecer alguns eixos, como, por exemplo, o Ibas (Índia, Brasil e África do Sul), cujos chefes de Estado se reuniram em Brasília recentemente. E outros que têm um caráter mais informal, como aquilo que muitos chamam de eixo sul-sul, que nos permite uma aproximação maior com países do sul do mundo, entendido não só do ponto de vista geográfico, mas também do geopolítico, com os quais colhemos ótimos resultados.

Atualmente, o comércio exterior brasileiro é predominantemente o comércio para o sul do mundo e, mais do que isso, ele tem no sul do mundo o grande consumidor dos produtos e bens com valor agregado.

E, finalmente, a esfera multilateral, em que destaco dois aspectos importantes. Existem, evidentemente, as questões da ordem financeira e da economia internacional, o que exige a nossa presença no FMI e no Banco Mundial. Mas o que interessa, mais concretamente, é o trabalho na OMC e na ONU.

Antes de tratar de matéria mais específica, quero me referir de forma muito franca a algumas questões regionais cujo elemento também importante é a relativa estabilidade política. Temos governos democraticamente eleitos. Não há nenhum governo ditatorial na região. Não há conflitos regionais maiores. Os que existem são de muito pequena monta, bilaterais, passíveis de solução;

então, diferentes dos de outras regiões do mundo, a respeito das quais, por razões diplomáticas, não quero me manifestar – mas basta olhar para outras regiões e veremos que essas condições imateriais, também tão importantes, muitas vezes não existem.

Para nós existem duas questões que na Casa poderão ter um papel semelhante ao que teve o Acordo do Carvão e do Aço para a construção européia: a energética e a da infra-estrutura. Portanto, temos de desenvolver uma grande rede de interligação energética da região, que nos permita garantir o crescimento importante que as nossas economias começam a ter e que precisam estar articuladas. Há países que estão vivendo de forma aguda não a perspectiva de uma crise energética daqui a cinco, seis anos, mas uma crise energética atual. O Uruguai, por exemplo, é um deles, o Chile é outro.

Portanto, é importante encontrar uma solução global que pode estar aqui mesmo, nas grandes reservas de petróleo da região. A nossa Petrobras explora e está presente em praticamente todos os países onde há petróleo. Existem reservas de gás gigantescas, na Bolívia, na Venezuela e no Brasil. Evidentemente tivemos de acelerar a prospecção e exploração em função de acontecimentos recentes. Mas temos também a possibilidade de ampliar os acordos de produção de energia elétrica e hidroelétrica, além da nova fronteira que se abre com a produção de etanol, biodiesel e Hbio, rubricas que começam a interessar até mesmo aos países produtores de petróleo, porque ajudarão a dar mais qualidade ao petróleo próprio e causarão um impacto social muito forte, porque são grandes geradoras de emprego.

Outro elemento é a infra-estrutura. Começamos a fazer um pouco isso, nos beneficiando também da existência da iniciativa para a infra-estrutura sul-americana, selecionando alguns projetos prioritários e avançando em algumas coisas.

Está em construção a rodovia Transoceânica, que ligará o Peru ao Atlântico, passando pelo Brasil, e queremos criar uma rede de estradas, ferrovias, portos e aeroportos que possibilitem maior integração e uma presença mais efetiva no mundo. Essas obras causarão um impacto muito forte.

Pela sua natureza, são grandes empregadoras de mão-de-obra. Portanto, vão atacar diretamente o desemprego, criar mercado. Segundo, nos darão competitividade, porque hoje muitos dos nossos produtos não têm a competitividade necessária. Eles vão perdendo a competitividade no leito das más estradas, nos portos inadequados, nos aeroportos mal equipados, na falta de ferrovias. Entre outras coisas, elas também possibilitarão a interiorização da América do Sul, que ainda está muito polarizada entre Atlântico e Pacífico, e, portanto, permitirão usufruir melhor os recursos internos.

Um grande projeto para a comunidade sul-americana envolve cadeias produtivas, e a possibilidade de associar empresas é uma coisa que os empresários vão ter de fazer. Quando muito, o que a comunidade ou os países integrantes farão será facilitar créditos, conceder isenções fiscais para estabelecer cadeias produtivas que possam, entre outras coisas, beneficiar países. É possível a gente avançar um pouco nessa direção na indústria de fármacos, na indústria naval e na de armamentos, mas, evidentemente, o projeto está aberto também para outras possibilidades.

Uma discussão que ainda não está tecnicamente amadurecida é a que se refere à criação de instrumentos financeiros, que poderiam ser desde um banco do sul, como alguns chamam, ou uma espécie de metamorfose da importante Corporação Andina de Fomento, ou até a compatibilização de uma série de políticas.

Por exemplo, no nosso governo restabelecemos os convênios de crédito recíproco, que resolvem, em grande medida, a questão das garantias da comercialização feitas em moeda nacional. Recentemente, os ministros de Fazenda do Mercosul concordaram em começar a comercializar seus produtos nacionais em moeda nacional e não mais em dólar, o que vai permitir um barateamento muito grande.

Estudam-se outros mecanismos de ordem financeira. Ainda não se trata, evidentemente, de colocar na ordem do dia uma moeda única ou coisas desse tipo, mas de aprimorar mecanismos, até porque essas coisas levam muito tempo. Quantas décadas depois do início da União Européia surgiu o Tratado de Maastricht? Ainda que ela parta dessa assimetria comercial, a comunidade vai querer aprofundar a dimensão comercial; haverá também um aspecto social em alguns projetos; e vamos tratar de questões comuns no âmbito político. Isto é, criar instrumentos políticos que transcendam as reuniões presidenciais. Isso introduzirá um tema complexo, difícil de trabalhar: a supranacionalidade.

Os nossos governos, parlamentos e Poder Judiciário normalmente têm dificuldade de enfrentar isso. Mas todos sentem que, se quisermos avançar, tudo deverá ser feito seguindo o modelo europeu, na forma de instituições supranacionais, com calma e respeitando as tradições nacionais, para que seja eficiente. Porque o Mercosul tal como está – um pequeno grupo de funcionários e sem orçamento – não vai funcionar; e funcionará ainda menos a Casa. Em breve será constituído o parlamento do Mercosul, o que é muito positivo, ainda que em um primeiro momento funcione como uma espécie de Câmara dos Lordes, um clube de debates. Para uma eficácia maior teremos de enfrentar e vencer alguns problemas.

Um é a internalização. É preciso realizar a internalização cultural, política, jurídica e legal por meio de uma política de integração. Se o conjunto da sociedade não percebe a política de integração, se o parlamento não convive com ela, se o Poder Executivo e toda a burocracia não assumem isso, não há política que prospere e, para isso, teremos de criar instrumentos eficazes. Finalmente, também é fundamental o relacionamento do Estado com as empresas e a sociedade civil para uma efetiva parceria na sua construção. Há problemas locais, regionais, bilaterais.

Bolívia e Venezuela

Estamos convencidos de que a Bolívia é um país-chave na região, porque está situada geograficamente no interior, e tudo o que lá ocorrer vai ter reflexos sobre um conjunto de países. O país vivia um processo de instabilidade enorme. Uma das primeiras tarefas que o presidente e o ministro das Relações Exteriores me confiaram foi a de viajar à Bolívia, acompanhar as crises e procurar ajudar na resolução dessas crises. Desde que estou no governo conheci intimamente quatro presidentes da Bolívia. O que já dá uma idéia do nível de instabilidade em que esse país vivia.

A meu ver, a eleição de Evo Morales, independentemente do juízo que se possa fazer sobre seu governo e se concordamos ou não com suas propostas – e não compete ao governo brasileiro dar opiniões a esse respeito –, estabelece um patamar de estabilidade para o país. É um governo que tem um pouco a cara do país, diferentemente de outros governos que não tinham essa cara. Um dos quatro presidentes que conheci falava espanhol com muita dificuldade, porque o seu sotaque inglês era tão forte que não sei como conseguiu se eleger com aquela *performance* nos palanques.

Pois a Bolívia elegeu alguém com a cara dela, essa é a grande verdade. Esse governo nasce cercado de enormes demandas, algumas das quais vinham de décadas atrás. Não foi o Evo Morales quem decidiu nacionalizar o petróleo, mas 82% da população, em um referendo nacional. E na eleição presidencial todos os candidatos – da direita, centro e esquerda – defenderam essa tese. Esse era um assunto mais ou menos encerrado. Desagradou-nos profundamente uma certa pirotecnia no processo e nós fizemos Evo Morales saber disso. Aliás, muito antes da eleição de Evo Morales informamos que não seríamos reféns do gás boliviano. Tratamos disso como uma questão de segurança energética, e tomamos as providências necessárias para o Brasil ter mais rapidamente as alternativas energéticas. Aceleramos os investimentos em gás e montamos um dispositivo para que, em caso de crise aguda – que não haverá –, pudéssemos, rapidamente, atender a todos os consumidores individuais, na área de transporte, nos lares ou na indústria.

Isso não quer dizer que não vamos continuar importando gás da Bolívia. Queremos continuar importando e queremos negociar com a Bolívia. Se a Bolívia der condições de estabilidade e conseguir de maneira abrangente negociar da forma que estamos propondo, podemos até fazer mais investimentos lá. Mas tudo dependerá de negociação. Nos dois últimos meses, mercê de constante aproximação, de ação diplomática e muita conversa, conseguimos avançar e estamos otimistas, embora saibamos que num país que passa por uma transformação política tão intensa e inédita é possível ocorrerem acidentes de percurso.

O Brasil não vai renunciar a nada quanto à indenização das suas empresas e à reparação de eventuais prejuízos com a implementação dessas políticas. Alguns disseram que temos nos movido de forma medrosa e submissa. Não. Nós nos movemos de forma responsável, porque sabemos que além de qualquer outra coisa havia o tema da segurança energética do país. Não construímos esse modelo energético. Esse modelo energético foi construído em outros períodos, mas nossa responsabilidade era mantê-lo e garantir o provimento dos milhões de consumidores brasileiros.

Nossa relação com o presidente Chávez é boa. Ele tem um estilo diferente do nosso, é muito exuberante. Ele, sim, dá um caráter político-ideológico muito forte à sua política externa, o que não é o nosso caso. E exatamente porque não é o nosso caso podemos ter relações tanto com ele quanto com o presidente Uribe. Quando Venezuela e Colômbia entraram em um conflito fortíssimo, fomos nós que ajudamos um pouco a que esse conflito se diluísse e conseguimos contar com a boa vontade dos dois.

A Venezuela hoje é um grande parceiro do Brasil: nosso comércio cresceu exponencialmente e pode crescer mais. Esse ano poderá chegar a 6 bilhões de dólares. As possibilidades para investimentos brasileiros lá são enormes. Quem apostou há muito tempo, como empresas de construção civil e de serviços, e na área industrial, sem dúvida está se dando muito bem. Os problemas serão resolvidos por eles mesmos, e não há outra solução. Como país sul-americano apoiamos a demanda de a Venezuela integrar o Conselho de Segurança da ONU, como membro provisório, não permanente, nos próximos dois anos. Em alguns casos discordamos de pronunciamentos um pouco exuberantes do presidente Chávez, mas mantemos uma boa relação com ele. Não só uma boa relação política, mas o presidente também mantém uma boa relação pessoal com o presidente Chávez. Enfim, quem escolhe o presidente da Venezuela são os venezuelanos, da mesma forma que o nosso nós é que vamos escolher.

Forças Armadas, PT e governo

É oportuno dizer que nós, o governo, estamos revertendo o longo processo de sucateamento das Forças Armadas e promovendo a recomposição salarial dos militares. A missão no Haiti, um evento programático, tem grande importância porque permite às Forças Armadas estar presentes em uma situação que envolve a segurança coletiva e possibilita uma grande articulação com outras Forças Armadas da região.

Quero deixar claro o seguinte: não há, de parte do atual governo, e anteriormente não havia da parte do PT, nenhum rancor com as Forças Armadas, ao contrário. Vários parlamentares nossos mantêm há muitos anos um diálogo muito positivo com as Forças Armadas. E por uma razão muito simples: temos de decidir se o país tem e precisa ter Forças Armadas, ou não.

Forças Armadas são necessárias e têm de evoluir para entender quais são os novos problemas da segurança nacional, da segurança coletiva. Vamos permitir que as Forças Armadas busquem a sua identidade, e um dos passos importantes para isso é a efetiva implantação do Ministério da Defesa.

No âmbito da política externa pretendemos também projetar valores. Defendemos o multilateralismo, hoje um valor supremo. Não existe valor mais importante do que defender o multilateralismo no plano internacional. Eis que corresponde, de certa forma, a defender o Estado de Direito no plano nacional. Sem multilateralismo o mundo se transforma numa anarquia total; um país manda porque acha que pode mandar, e muitas vezes tem força para fazê-lo. Pode parecer cabotino, mas nossas pesquisas internas dizem que um dos aspectos mais valorizados do governo é a política externa. A política externa se transformou num valor coletivo no país, em setores muito amplos, e está entre os três itens mais valorizados pela sociedade brasileira. E para mim é absolutamente surpreendente que a população brasileira se preocupe com a política externa.

PARTE III

A reestruturação do trabalho no mundo

Estamos à margem dos acontecimentos?

Eduardo Garuti Noronha

Estamos à margem da reestruturação do trabalho no mundo? Quando se fala de transformações do mercado de trabalho, fala-se de transformações demográficas, de mudanças como o maior ou menor envelhecimento da população. Fala-se de tecnologia, de normas de mercado e do trabalho. Nesse sentido, precisamos avançar mais no acúmulo de informações destinadas a orientar as políticas públicas.

Para mim, a tarefa de responder à pergunta inicial passa pela demografia, pela questão tecnológica e pelo mercado, mas tem por eixo central a regulação do trabalho. Controla-se muito mais o mercado de trabalho via regulação ou desregulação de alguns de seus elementos do que, por exemplo, interferindo-se na demografia ou por meio da tecnologia.

A polarização do debate público dessas questões entre a dinâmica dos mercados e os direitos do trabalho não ocorre apenas no Brasil. Discute-se qual alternativa priorizar: se a manutenção de direitos do trabalhador ou a ampliação das liberdades de mercado e concorrência. Do meu ponto de vista, essa oposição é indevida, pois tenta comparar valores incomparáveis. O que é melhor: direito social ou competitividade industrial? Não sei, o Brasil não precisa escolher e nós não devemos aceitar esse desafio.

O mercado é livre de normas? Não, nunca foi e nunca será. Quantos produtos nem sequer podem ser comercializados? E quantos já o foram e hoje não o são mais por causa das normas reguladoras? Karl Marx considerou o trabalho uma mercadoria. Karl Polanyi, que marcou a história da economia e da socioeconomia, viu no trabalho a mercadoria que resiste a ser mercadoria. A máquina não reclama quando maltratada; o trabalhador reclama. Não só reclama como revida. Por isso, o mercado de trabalho é impuro por natureza ou não é propriamente um mercado.

Segundo a economia institucional e sua grande referência, Douglas North, os custos de transação e da informação incompleta tornam o mercado menos mercado do que ele é. Um Prêmio Nobel de Economia da década de 1970 classificou o mercado de trabalho de instituição econômica – ou seja, seria totalmente institucionalizado e, por causa disso, a discussão a respeito de regulação do trabalho não pode ser travada a partir da abstração de um mercado de trabalho puro.

Nenhum mercado é puro, muito menos o de trabalho. Está repleto dos custos da informação. Por exemplo: para quantas papelarias devo telefonar, quantas cotações me disponho a fazer para descobrir o preço adequado de uma caneta? Ou, ainda: em quantos municípios me disponho a procurar um emprego, um automóvel ou seja lá o que for?

O trabalho implica, ainda, custos morais. É a antiga história do engenheiro que virou suco. Diante do constrangimento de não haver lugar para ele no mercado de trabalho, decide procurar uma atividade de menor *status*. Há um custo moral para quem toma essa decisão.

Mercados – particularmente o de trabalho – independem de leis, têm uma lógica de funcionamento mais complexa do que a mera relação custo–benefício. Resistem à mensuração exclusivamente monetária, até porque a relação custo–benefício também abrange valores e expectativas. Flexibilizar o mercado de trabalho, portanto, pode significar coisas muito diferentes.

No século XIX nasce o operário

A evolução do mercado de trabalho no mundo sempre esteve atrelada a processos de regulamentação das atividades e dos direitos sociais. No final do século XIX, o trabalho era eventual. O trabalhador ia à praça pública, participava da escolha pontual de mão-de-obra, trabalhava durante vinte dias e depois não trabalhava mais. Naquela época, confundia-se a condição de trabalhador com a de vagabundo, mendigo ou algo parecido.

Ao longo do tempo, nasceu e se consolidou a figura do operário. As indústrias construíram vilas operárias, surgiu o padrão de consumo e a maneira de se vestir do operário, a ética operária e, a partir daí, um conjunto de direitos do operário. O regime assalariado venceu o jogo e, além dos salários, respeitou direitos (poucos) e se curvou a pressões por benefícios.

A França implantou o seguro contra acidentes de trabalho e logo um médico reivindicou o benefício, quando se acidentou exatamente no percurso para atender a um paciente. Esse primeiro caso gerou um grande debate: quem ou quais trabalhadores teriam direito aos direitos do trabalho obtidos pelos operários? O fato abriu as portas à extensão dos direitos a todas as categorias assalariadas de trabalhadores. Do ponto de vista das relações de trabalho, operários e camadas médias da população se igualaram.

Atualmente, o que se debate no mundo e no Brasil é se o regime dos assalariados está em processo de superação, junto com as categorias do século passado: empregador, empregado do setor privado, empregado do setor público e autônomo. Essas distinções, claríssimas, ainda nos servem? E até quando podemos e devemos manter o instituto do salário?

Um contrato entre desiguais

O direito do trabalho nasceu no século XIX com características bem peculiares. Seu fundamento principal está num contrato entre desiguais. Como uma das partes contratantes tem mais poder, a outra precisa de tutela. Por isso se diz "direito tutelar do trabalho". Em relação aos demais direitos civis, os do trabalho nascem independentes.

Segundo Collins, o direito do trabalho não é exatamente a favor do trabalhador, mas sim uma norma tutelar para a manutenção do equilíbrio entre os interesses do trabalho e do capital, a fim de garantir o perfeito funcionamento do mercado. Há um desequilíbrio natural entre a capacidade de barganha do empregado e a do empregador.

Quando falamos em superação do salário, os exageros levam a previsões de um mundo de produtores autônomos, de um mundo de empreendedores, sem empregados assalariados. Esses desenhos, canhestros, pressupõem o desaparecimento do direito tutelar do trabalho, porque se extinguiria a necessidade de proteger o lado mais fraco nas negociações entre capital e trabalho.

Além desse quadro, breve, acrescento a distinção, também muito esquemática, entre dois modelos básicos de relações de trabalho que se desenvolveram no mundo a partir da sociedade salarial. Um deles, o modelo legislado (caso brasileiro), define as regras do trabalho, pelo menos as mais importantes, por leis ordinárias, normas constitucionais e, eventualmente, jurisprudências do Tribunal Superior do Trabalho (TST).

O contrato coletivo está, no Brasil, subordinado à lei. Ele cita algum tópico legal ou recorre a ele, mas, com muita freqüência, apenas reafirma o que diz a legislação. A quantidade de cláusulas desnecessárias em nossos contratos coletivos impressiona. Até porque elas atuam como uma espécie de pacto, de garantia a mais ao cumprimento das normas. Há, também, os conjuntos de normas empresariais, definidas unilateralmente pelos empregadores ou, às vezes, por alguma negociação informal.

E temos, ainda, dispositivos específicos do contrato individual de cada trabalhador e cláusulas não-explícitas, existentes em todos os contratos. Estudo de David Maslen, economista da London School of Economics, mostra o enorme e atual conflito acerca do que o trabalhador deve ou não fazer no seu posto de trabalho.

As tarefas de trabalho, o que cabe ou não ao trabalhador fazer, são mais definidas na Inglaterra do que no Brasil. Ninguém exige da secretária-executiva inglesa que limpe mesas. Se alguém o fizer, ela lhe dirá que aquele trabalho não está previsto em seu contrato, embora esse não exclua, explicitamente, a tarefa. É o que os juristas chamam de natureza incompleta de todo contrato, seja de trabalho, seja de outro tipo.

Todo contrato, inclusive o trabalhista, contém pressupostos da tradição e da prática. No Brasil, a lei é mais importante do que as normas empresariais. Isso por causa do mercado informal, em que as regras, definidas pelas empresas em contratações individuais, tornam o contrato coletivo o elo mais frágil da regulação do trabalho no país.

Direito do trabalho, direito social

No modelo contratualista do Reino Unido, o contrato coletivo é a base de tudo, enquanto o individual apenas o complementa. Leis e normas empresariais são secundárias, exceto nos segmentos não sindicalizados. No Brasil, o direito do trabalho é fortemente associado ao direito social. Para Wanderley Guilherme dos

Santos, cientista político do Rio de Janeiro, o mercado de trabalho regula a cidadania brasileira.

As antigas caixas de aposentadoria dos Institutos de Aposentadoria e Pensões, anteriores ao INPS, instalaram e expandiram o direito à aposentadoria na relação de trabalho. Apenas dois governos republicanos, o de Fernando Henrique Cardoso e o de Luis Inácio Lula da Silva, não acrescentaram algum custo à folha salarial. O aviso prévio é de 1951; o salário-educação, de 1961; o FGTS, de 1966; e o vale-transporte, de 1986. A Constituição de 1988 adicionou alguns outros benefícios, e, em 1990, a folha salarial passou a financiar também o Serviço Brasileiro de Apoio às Micro e Pequenas Empresas (Sebrae).

Para mim, o FGTS é o símbolo da complexidade das leis brasileiras do trabalho. Veio para acabar com a estabilidade no emprego, rompeu o pacto corporativista, mas hoje é quase intocável, tantos são os interesses envolvidos. Além de compensar, indiretamente, as falhas de nosso seguro-desemprego, financia a casa própria do trabalhador, o governo na promoção de políticas públicas e as empresas. Encareceu o contrato de trabalho, mas liberou a demissão. Quem contribui para o fundo demite sem problema, ao contrário do que acontece nos países contratualistas.

Legislado ou contratado?

Com isso, qual o regime mais flexível, o legislado ou o contratado? A resposta não é tão fácil assim. Tradições – sindicais e práticas das empresas – pesam e são difíceis de romper. Pesquisas, no entanto, já mostraram a maior facilidade da introdução no país de sistemas baseados no modelo japonês de trabalho em grupo ou rotatividade de postos, repudiado no Reino Unido, onde a identificação do trabalhador com o posto de trabalho é fortíssima. A resposta passa por uma análise ampla de cada sistema e país.

Quanto aos custos, qual o regime menos oneroso, o legislado ou o contratado? O primeiro necessariamente encarece a folha, não há dúvida, porque tende a estabelecer, por lei, o bem-estar ocupacional. O segundo também visa a isso, mas por outros meios, como mais salário (caso dos Estados Unidos), menos impostos e mais serviços públicos.

Resta-nos aprofundar a relação entre os custos trabalhistas e a competitividade empresarial. O custo do trabalho afeta, realmente, a competitividade das empresas? Essa questão deve ser vista por três ângulos: o de empresas que inovam e diferenciam seus produtos; o de empresas especializadas em produtos padronizados; e o de empresas que não inovam e cuja produtividade é menor.

Essa classificação pressupõe empresas que competem por preço ou por diferenciação de produtos e foi estabelecida para responder à pergunta: qual dessas estratégias funciona melhor, e a que custo do trabalho? A primeira conclusão de nossos estudos a respeito do tema é a de que empresas que pagam encargos maiores inovam e diferenciam produtos, e as que pagam encargos menores não inovam e têm menor produtividade.

Quando os encargos trabalhistas de uma empresa que tem em média treze empregados somam menos de 10% do valor da folha, isso significa que vários dos benefícios previstos em lei, da ordem de 37%, não são pagos. As que alcançam esse percentual têm a média de 62 empregados, maior produtividade e pagam de 30% a 40% de encargos.

Quem inova paga melhor

Maior a proporção de encargos e salários, maior o tamanho médio da empresa, sua receita, sua produtividade e menor a proporção dos custos do trabalho em relação aos custos totais. Exportadoras e inovadoras pagam os maiores salários, até mesmo acima dos valores de mercado e dos fixados por lei. Assim, exceto em algumas áreas, não existe o problema brasileiro da competição pelo custo salarial, até porque nossos salários são baixos.

No que concerne à competição do Brasil com países de mão-de-obra barata ao extremo, trata-se de avaliar bem as conseqüências de uma decisão ligada à redução de nossas relações de trabalho aos mais baixos padrões. Alguns, por exemplo, criticam o financiamento do Sistema S via folha salarial. As críticas são inconsistentes. Primeiro, porque não levam em conta o reconhecimento – nacional e internacional – do Sistema S como paradigma de eficiência e qualidade em todas as áreas de sua atuação. Segundo, porque os críticos também não levam em conta o problema empresarial, extremamente importante, da escassez de mão-de-obra qualificada, bem formada, especializada, treinada ou reciclada. E, terceiro, porque, se há impropriedades no financiamento de instituições que funcionam, o remédio não pode ser extingui-las, mas sim corrigir as impropriedades ou criar novos mecanismos de financiamento.

A rigor, nossas preocupações devem concentrar-se nos níveis de informalidade do mercado de trabalho. A informalidade é o maior problema das relações de trabalho no Brasil. Problema tão grande que o escondemos num eufemismo: informal é, na verdade, ilegal.

Banalizamos a informalidade e nem sequer pensamos em seus verdadeiros custos. Muita gente pensa que o mercado informal paga o salário e ponto final. Engano: também paga férias, décimo terceiro, hora extra – menos os encargos, para livrar a empresa da complexidade e da burocracia do sistema. Mesmo assim, há o custo de manutenção e administração da informalidade, não raro superior aos gastos da formalidade.

Precisamos, sim, reestruturar o modelo brasileiro de relações de trabalho, além de simplificá-lo, uma vez que, acima de tudo, ele é extremamente burocratizado. Apenas não acredito em mudanças drásticas.

Fiscalizar sem ônus

Simplificar, por exemplo, é, de fato, um dos trunfos mais eficazes de qualquer reforma. Às vezes, o custo administrativo ultrapassa o realmente necessário. Dou um exemplo, extraído de minha pesquisa. Os dados reais que as empresas me forneceram parecem dizer o seguinte: a fraude no pagamento é consideravelmente mais cara do que o devido ao FGTS. Por quê? Simples: porque o trabalhador tem um extrato e pode fiscalizar, ele mesmo, os depósitos a seu favor. Deveria até receber os comprovantes de recolhimento das contribuições à Previdência. Medidas como essas bastariam para simplificar e desonerar a fiscalização. E outras idéias, ou experiências, que dão certo num lugar e podem ser aplicadas em outro.

O futuro do mercado interno também exige nossa atenção. Tudo indica que algumas ações do governo têm esse caráter estratégico. Basta observar a diferença de tratamento dispensado à grande empresa competitiva, ou potencialmente competitiva no mercado externo, e à pequena empresa que produz nos mais diferentes rincões do Brasil.

Estudei a Sulanca de Santa Cruz do Capiberibe, em Pernambuco, a famosa, gigantesca e maior feira livre do país, na qual 11 mil microempresas instaladas ao redor de Caruaru expõem uma quantidade imensa de produtos de vestuário. O exemplo de Toritama, município da região produtor de *jeans*, é sintomático. O *jeans* precisa da lavagem, porém a lavagem poluía um rio do agreste pernambucano, onde a água é o bem mais caro e raro que existe.

Com o segundo maior salário médio pernambucano, o município expandira sua capacidade produtiva, projetara-se na escala de riqueza, mas não conseguia livrar-se de seus péssimos indicadores sociais. Nada acrescentava ao bem-estar social. E não acrescentava porque o "pacto do diabo" impedia: o poder público não cobra impostos e, por isso, não presta serviço algum, não asfalta ruas, não encana água e não investe em saúde.

Alguma coisa precisava ser feita para acabar com a poluição do *jeans*. A produção de *jeans*, totalmente informal, mas extremamente dinâmica, tornara-se um problema ameaçador. Foi quando em ação conjunta, Ministério Público, governo estadual, fiscalização do Trabalho e Secretaria do Meio Ambiente fizeram uma verdadeira revolução, implantando um sistema inovador e baratíssimo de tratamento da água. Hoje, a vida no município se regulariza em termos dos mais promissores.

Informalidade e terceirização

A questão da informalidade é gravíssima, não apenas a informalidade parasitária, mas também – e principalmente – aquela altamente dinâmica, atuante em várias áreas do Brasil e que, à margem da regulação da economia capitalista, consome bens públicos impunemente. O governo deve intervir e, para isso, dispõe do ajustamento de conduta, instrumento jurídico muito inteligente. Em vez de multar, aciona o Ministério Público e dá prazos e metas aos infratores para que se regularizem.

Nenhum país do mundo cresceu sem desenvolver seu mercado interno e sem incluir, maciçamente, sua população nos ciclos produtivo e de consumo. A Embraer e tantas outras grandes empresas brasileiras, competidoras no mercado internacional com toda a competência, não precisam de muita ajuda. Até onde sei, o BNDES começou a estimular a capacidade inovadora e exportadora de pequenas empresas. No lugar de um Simples trabalhista, ou em primeiro lugar, temos de acabar com a informalidade, elevando seu custo, aumentando o prêmio à formalidade e as bases de cálculo dos impostos.

Discordo da proposta de microcrédito para a empresa informal, antes de um processo de qualificação prática no Simples ou em qualquer outro mecanismo de apoio. Que se pague imposto e que também se estimulem e se concedam prêmios à produtividade e ao trabalho. A pobreza não é a única promotora da informalidade. Há a informalidade rica, fruto da terceirização, um problema grave, capaz de nos levar a um mundo de falsos empresários, cujo fim virá com o auto-reconhecimento da condição de trabalhadores autônomos desprotegidos.

Diante dessa questão, e por causa dela, a Justiça recorre a conceitos como os das responsabilidades solidária e subsidiária para balizar o compartilhamento de obrigações trabalhistas em contraposição ao processo de pulverização e hierarquização experimentado pelas empresas.

Outros temas capitais nessa reforma seriam a carga tributária em geral e os encargos sobre o trabalho, pois, se a regressividade do imposto é um problema grave para as empresas, os encargos fazem parte indiretamente do salário e retornam ao trabalhador de alguma forma.

Pode-se dar preferência a um ou outro, mas acabar com todos os benefícios trabalhistas será uma temeridade. E reduzir encargos salariais resulta apenas em benefícios difusos, de distribuição futura, quando a competitividade empresarial for alcançada. Enquanto isso o trabalhador perde renda. Ou seja, a questão é outra. A distribuição dos impostos em geral, maiores ou menores pelos contribuintes, tem uma lógica diferente.

Por essas razões, não se chegará a uma reforma mais substancial das relações de trabalho se não se cultivar um intenso debate e sem negociações ponto a ponto. Por exemplo, na minha opinião, a rediscussão da multa sobre o montante do FGTS passa pela contrapartida do fim da dispensa sem motivo, princípio da Organização Internacional do Trabalho (OIT) adotado pela maioria dos países. No Brasil é fácil contratar e demitir; difícil é pagar.

Para não comprometer o crescimento

José Pastore

O trabalho do professor Eduardo Noronha tem alguns aspectos que precisam ser destacados. O didatismo é uma deles. Outro é a relação entre despesas de contratação e políticas públicas, assunto pouco discutido, exposto criativamente e que resgata a idéia da cidadania regulada.

A pesquisa mencionada no final do estudo, entretanto, trata da indústria de transformação e não do comércio, setores nos quais as relações capital–trabalho são diferentes. A indústria substitui mão-de-obra por tecnologia em maior escala, e isso resulta em diferenças acentuadas em termos de economia e custos do trabalho. Proponho uma análise do tema mais voltada para a economia brasileira. Em que medida a regulação das relações do trabalho favorece ou desfavorece a competitividade das empresas e, por conseqüência, o desenvolvimento econômico do país?

Parto de problemas concretos da atualidade, como o desemprego – hoje da ordem de 11% – e suas nefastas conseqüências sociais, cuja solução não admite mais delongas. Grande parte dos desempregados recebe seguro-desemprego, despesa governamental nociva ao passo resoluto da economia.

Quase 60% da mão-de-obra disponível é informal, situação que o professor Eduardo Noronha considera o maior problema das relações de trabalho. A informalidade também agrava as finanças públicas, porque não contribui para os fundos da seguridade social. Somente o déficit da Previdência Social, em crescimento, subtrairá do Tesouro este ano 40 bilhões de reais.

Sem alternativas, o governo é obrigado a recorrer ao mercado financeiro para cobrir o rombo, que pressiona a taxa de juros para cima, desestimula investimentos públicos e privados e afeta a criação de empregos. Os custos das relações de trabalho têm tudo que ver com o grau de eficiência da economia.

Há mais um ponto: além de engendrar poucos e maus empregos, as relações de trabalho no Brasil geram conflitos tamanhos que, hoje, 2 milhões de ações sufocam a Justiça Trabalhista e exigem de 6 bilhões a 7 bilhões de reais anuais, apenas para a cobertura de gastos correntes. E isso também afeta a eficiência do conjunto da economia brasileira.

O peso da informalidade

Ainda a respeito da informalidade (o maior problema), dados de 2003, bem próximos dos de agora, mostravam 60%, ou 47,5 milhões de trabalhadores informais de um total de 79,25 milhões em atividade. Atualmente, existem 19,2 milhões informais, 17,2 milhões autônomos, 4,3 milhões domésticos e 5,7 milhões de trabalhadores rurais, que ganham em espécie. Para cada categoria dessas precisamos de uma solução específica, "ponto a ponto", como concluiu o professor Noronha.

Também é necessário levar em conta a realidade dos 5,574 milhões de empresas devidamente formalizadas, dos quais, segundo a definição do Sebrae, 5,277 milhões são micro e 245 mil, pequenas. Essa distribuição é notável, pois, no caso brasileiro, revela um país de dimensões continentais servido por uma maioria esmagadora de microprodutores. A quem serve, no campo das relações de trabalho, uma legislação única, aplicável tanto à Embraer como ao salão de barbeiro?

Essa é a questão a discutir. Nossa legislação única, burocratizada ao extremo, impõe os mesmos custos a micro, pequenas, médias e grandes empresas. As despesas da contratação formal superam o salário em 103,46%, mas nem falarei das controvérsias em torno desse percentual.

Há pouco tempo, em palestra no Tribunal Superior do Trabalho (TST), 99% dos ministros questionaram esse meu cálculo, mas admitiram a impossibilidade do corte de qualquer dos custos. Então, chamem do que quiserem, porém as despesas se elevam 103,46% acima do salário.

A Embraer talvez tenha condições de arcar com esses custos, o barbeiro não tem. Se ele contrata um empregado sem carteira assinada por 400 reais, tem condições de desembolsar 810 reais, 820 reais? Não tem. Então, isso afeta a eficiência da economia, porque gera a informalidade desenfreada de hoje, advinda, basicamente, das micro e pequenas empresas do comércio, da indústria, da agricultura. Não há informalidade na Volkswagen nem no Pão de Açúcar.

Quanto ao Fundo de Garantia, é de fato um aspecto importante, como disse o professor Noronha, porque atemoriza o empresariado, principalmente o de pequeno porte. Ele teme a falência por ocasião da dispensa sem motivo do trabalhador que ganha mil reais por mês e que, depois de um ano de trabalho, a firma não pode mais manter por razões financeiras.

Só o desembolso mensal do FGTS, 8,5% do salário, inclusive sobre o décimo terceiro, já eleva o custo desse trabalhador a 1.105 por mês. Some, agora, a multa de 50% sobre o montante do FGTS e o valor inicial aumenta para 1.657 reais, caso o trabalhador possua, acumulado no FGTS, apenas os recolhimentos dos últimos doze meses de trabalho. Se ele pediu demissão da empresa anterior, na qual trabalhara por dez anos, o desastre financeiro se abate sobre o infeliz empresário de nosso exemplo.

Esse é apenas um dos exercícios que justificam os temores dos pequenos empresários em relação ao contrato formal de trabalho. O pagamento, em tempo ou dinheiro do aviso prévio, das férias e do abono de férias, a ocasião da dispensa e inúmeros outros itens podem elevar em três ou em até quatro vezes o custo de contratação para a empresa.

Rumo ao trabalho formal

A solução desses problemas não é simples, por isso devemos pensar seriamente neles e em saídas para eles, ainda que graduais. Como desbancar os sistemas de habitação e saneamento que se sustentam no Fundo de Garantia? Por que não contribuirmos para tirar da informalidade 48 milhões de pessoas e incluí-las no mercado formal de trabalho, de modo que participem dos fundos sociais como contribuintes e beneficiários?

Do total de 48 milhões, 19,2 milhões trabalham sem carteira assinada para micro ou pequenas empresas e 17,2 milhões por conta própria. Para as primeiras, sugiro um Simples trabalhista, recurso capaz de incluí-las na formalidade. Quem está no Simples tributário passaria a estar no Simples trabalhista, abrindo espaço a uma série de mudanças nas relações de trabalho do país, à redução de uma série de despesas empresariais por leis ordinárias, sem que se precise alterar a Constituição.

Entre outras coisas, o Simples trabalhista poderia reduzir o valor da hora noturna e a alíquota do Fundo de Garantia, medidas que o próprio governo Lula já propôs ao Congresso Nacional. Se aprovado, o Projeto de Lei Complementar nº 210, de 2004, introduzirá no país a condição de pré-empresa com alíquota de 0,5% para o FGTS, desde que negociada.

Ninguém quer tirar direitos de ninguém. O que se pretende é estender alguma proteção, algum direito a quem não tem nenhum. E, nesse sentido, nada nos impede de garimpar na Consolidação das Leis do Trabalho (CLT) maneiras de aliviar encargos, de forma segmentada, para as micro e pequenas empresas. Para as micro e pequenas empresas, porque nelas nasce e prolifera a informalidade.

No que se refere aos autônomos, devemos encontrar soluções menos trabalhistas e mais previdenciárias. Criar, por exemplo, um regime especial, que comece com uma alíquota baixa, capaz de estimular a integração desse trabalhador na Previdência Social. O sistema de capitalização ou semicapitalização me parece adequado. Depois de um certo tempo em que se paga pouco, chega-se à conclusão: vendi banana em porta de circo, hoje tenho uma quitanda e posso cuidar melhor de minha aposentadoria.

A gradualidade está intimamente ligada às possibilidades de mudanças ou reformas trabalhistas e previdenciárias. É sempre melhor ter alguma do que nenhuma proteção. É sempre melhor reduzir o número de fossos da escala social do que se resignar ante a dura realidade do cidadão de primeira, de segunda, de terceira, de quarta ou de quinta categoria.

Mudar sem gastar

Tais mudanças devem, em vez de aumentar, reduzir o rombo da Previdência, não devastar mais ainda as finanças públicas e não pressionar a taxa de juros. Não devem atrapalhar o andamento da economia brasileira e permitirão sua maior inserção no cenário internacional.

O contingente da mão-de-obra de baixo salário aumentou na Índia, na ex-União Soviética, no Leste Europeu e na América Central, passando, na última década, de 1,5 bilhão a 3 bilhões de pessoas. Não advogo baixos salários, digo apenas que precisamos cuidar, a sério, dessa realidade. A questão do baixo nível da oferta de trabalho é hoje um problema global, e, no Brasil, emprego e salário são em grande parte condicionados pelo que acontece no mundo.

Nosso país precisa oferecer mais e melhores salários, não resta a menor dúvida. Entretanto, no momento a prioridade é reduzir os custos das empresas e a burocracia, até porque temos salários competitivos. E, além de nos tornarmos competitivos, temos de nos manter nessa condição. Não podemos, portanto, descurar dos reflexos negativos de nossas relações de trabalho sobre as finanças públicas e o contexto social.

Reforma sutil e articulada

O professor Márcio Pochmann lembra da interface existente entre os campos tributário e trabalhista nas relações de trabalho. Mas há três instituições típicas da área do trabalho: o conjunto de normas que regulam o trabalho, a organização sindical e a Justiça do Trabalho. Todas funcionam de maneira interligada, fazendo com que seja muito difícil mexer numa sem mexer nas outras. Por isso, qualquer mudança precisa ser muito bem articulada.

No caso da informalidade, a primeira medida será reduzir o custo e as complicações da formalidade, para só depois elevar o custo e as penalidades da informalidade. Para reduzir o custo e as complicações da formalidade, é preciso mexer bastante na área trabalhista. E, para aumentar o custo da informalidade, precisamos mexer na área da Justiça do Trabalho.

Hoje, o empregador informal levado à Justiça do Trabalho faz um acordo, porque compensa mais para ele, até mesmo no que diz respeito às suas necessidades de contratação. Então, como encarecer o custo da informalidade? Via Justiça do Trabalho. O que está na lei não será objeto de negociação. Quem deve terá de pagar, sem mais a alternativa da farsa de um acordo por 30% ou 40%. Infringiu a lei, paga e não discute, até porque o juiz terá perdido a prerrogativa de intermediar o acordo.

O procedimento é estranho à cultura brasileira, sei disso, mas leis não admitem burlas. Há ilegalidade, que se pague, caro, elevando-se o custo da informalidade. Depois, reduz-se o custo da formalidade por intermédio da criação do Simples trabalhista e de um regime previdenciário especial. Não dá para instituir mudanças estanques ou solitárias.

Muitos questionarão essas reformas – e com razão, pois as considerão uma tarefa monstruosa. Monstruosa, mas necessária. Como mexer na área sindical sem fortalecer os sindicatos, responsáveis pela meta de melhores condições de trabalho? Assim, é preciso fortalecer as entidades sindicais, dar-lhes mais espaço de negociação. Não estamos, portanto, diante de uma discussão, e sim de uma necessidade que exige um processo negocial. Só que existem apenas dois direitos negociáveis na legislação atual: salário e Participação nos Lucros e Resultados (PLR) – nenhum mais.

Como evitar a monstruosidade de nossa tarefa? Talvez a dividindo por áreas interligadas, como a trabalhista e a sindical. Mudança institucional se assemelha à arte da ourivesaria, mais artística e menos técnica, a ser encaminhada cuidadosamente, buscando-se modelos os mais simples. A única instituição que funciona é a descomplicada, autogovernável, que prescinde de fiscalização. E nada de querer resolver tudo de uma só vez, às pressas, até porque não conseguiremos.

As novas relações capital–trabalho

Márcio Pochmann

Destaco a importância do trabalho do professor Eduardo Noronha, que focaliza aspectos pouco analisados deste debate, como a regulação. Na minha opinião, por exemplo, a informalidade não é ilegal, exceto quando se trata de trabalho assalariado. Na verdade, o conceito de informalidade está associado à capacidade de organização das atividades econômicas capitalistas. O pequeno empreendimento operante no Brasil que não registra o empregado em carteira o faz como estratégia de sobrevivência. Não contrata porque tem um problema muito sério: não é um modo capitalista de produção. Mas vamos nos prender às questões colocadas pelo professor Eduardo Noronha.

Parto do seguinte pressuposto: não dá para resolver os problemas do trabalho e de sua regulação tendo-o por variável independente. A meu ver, o trabalho é variável dependente da questão mais geral de como se move a economia. Por que a CLT não valia no Brasil antes de 1930, embora parte importante dela fosse anterior àquele ano? Porque consolidou "leis para inglês ver", parte das quais em vigor antes da década de 1930.

Evidentemente, não se regula o trabalho assalariado quando ele não existe, ou existe apenas residualmente em uma economia primário-exportadora, como era a nossa. Eram quase *clusters* agrícolas, incapazes de pagar décimo terceiro e férias, coisa que só foi possível a partir da mudança do modelo econômico-produtivo do Brasil com a industrialização e a urbanização. Nesse sentido, a CLT teve extraordinário valor estratégico: estabeleceu as bases legais de relações de trabalho posteriores.

Voltando à exposição do professor Noronha: devemos, antes, debater o que ocorre hoje com o capital; como e por que ele determina o espaço do trabalho, o qual, na verdade, determina o jogo da regulação. Não se deve pensar em regulação de maneira abstrata. É preciso saber onde ela se dá, qual seu espaço e quais seus limites, do ponto de vista do desenvolvimento capitalista. Aí, sim, pode-se cogitar de uma nova regulação ou, até mesmo, de uma desregulação.

Pelo caminho trilhado ao longo das duas últimas décadas, entretanto, torna-se quase impossível avançar em uma nova regulação. E desregulamentar exige que nos especializemos em produzir bens de baixo valor agregado. Os ganhos de produtividade advindos da exportação não vão para salários e sim para preços, porque produzimos e exportamos bens de baixo valor agregado, de pouco conteúdo tecnológico, enquanto nossos parceiros são, em essência, países de baixa remuneração.

Só com política industrial e um outro modelo econômico poderemos passar a setores de salários maiores, nos quais a produtividade é maior, e assim por diante. Por isso, não é possível mudar a regulação. O país precisa, primeiro, fazer sua escolha.

O debate econômico está cada vez mais preso ao passado. Economistas vivos, mas reféns de economistas mortos, discutem o passado. Não se levam em conta a realidade e, principalmente, o que o mundo e as transformações do capitalismo nos abrem em termos de oportunidades. Ficamos à margem da grande revolução tecnológica do final do século XVIII, de 1750 a 1810, quando o tear mecânico e a máquina a vapor levaram a mudanças substanciais na organização do trabalho e na vida das pessoas.

Éramos uma colônia, a lutar por independência no início do século XIX, e assim permanecemos por cem anos, distanciados da revolução produzida pelo motor a combustão, o petróleo, o automóvel e a energia elétrica. Já então, estávamos empenhados na transição do Império para a República e ainda com a cabeça no trabalho escravo.

Só conseguimos incorporar os produtos dessa revolução industrial a partir da década de 1950, atrasados em setenta anos. Começamos a montar automóvel industrialmente quando o homem se preparava para ir à Lua. Celso Furtado demonstrou que, entre 1750 e 1820, nossa renda *per capita* estagnou. Perdemos posição relativa em relação aos outros países no final do ciclo da mineração, do ciclo do ouro. E vegetamos, até conseguirmos reincorporar o café no comércio internacional.

Nos últimos 25 anos, nossa situação não foi muito diferente: expansão da atividade econômica abaixo de 3% (2,4%, 2,5% ao ano), uma tragédia! E neste momento estamos outra vez diante de uma grande revolução tecnológica. No que me diz respeito, prefiro chamá-la de civilizacional, pois a enxergo bem mais abrangente do que a tecnológica.

Oito milhões marginalizados

Três milhões e 100 mil pessoas se habilitaram ao trabalho em 2005. Se o país não crescer 5% ou 6% ao ano, não haverá como incorporar essa gente. Uma geração inteira, 8 milhões de jovens, ficou para trás, sem estudo, sem emprego e sem nenhuma perspectiva de consegui-lo. Perdemos os valores de inclusão pelo trabalho e pela educação. A pressão demográfica continuará elevada até 2030, clamando por crescimento econômico.

Afora isso e mais do que isso, ainda não nos definimos por um modelo de crescimento econômico. Qual poderia ser: o atual, de bens de baixo valor agregado, como minério de ferro, suco de laranja, salsicha e frango? Ou esses são bens de alto valor agregado? A resposta a uma outra pergunta certamente levará à nossa histórica subordinação econômico-tecnológica: quantos caminhões de soja precisamos trazer do Centro-Oeste ao litoral para obtermos em troca um caminhão de *chips* eletrônicos?

Ainda assim, sou otimista. Pela primeira vez na história, o Brasil se posiciona de modo diferente do que o fez no passado, ante transformações tecnológicas radicais. A despeito das dificuldades, bem ou mal, o país marca presença em algumas das áreas de inovação.

As transformações do capitalismo colocam ao nosso alcance ganhos enormes de produtividade e nem sequer sabemos medi-los, porque nossa medida de produtividade vem da sociedade industrial, do relógio de ponto, da hora trabalhada e do número de trabalhadores em relação ao valor da produção. A sociedade pós-industrial que construímos já passou. Trabalho intelectual, imaterial, não se mede com relógio.

Não há mais razão técnica que justifique jornada de trabalho superior a quatro horas diárias e por três dias na semana, exatamente por causa dos ganhos de produtividade assegurados pelas inovações tecnológicas nos ambientes de trabalho. E também não há razão técnica para justificar o trabalho antes dos 25 anos de idade. Os avanços da biotecnologia, da contenção de doenças em série e outros garantem uma expectativa média de vida – que hoje no Brasil está em torno de 70 anos – de 110 ou 120 anos.

Se viveremos mais de 100 anos, não há razão para começar a trabalhar antes dos 25, muito menos antes dos 15. Pode parecer fantasioso, caído da Lua, alguém sustentar esses dados, mas o espanto foi o mesmo quando em 1850 ficou evidente, nas fábricas têxteis da Europa, que a industrialização, a passagem da sociedade agrária para a sociedade urbano-industrial, permitia a redução da jornada de trabalho de dezesseis para oito horas diárias. Jornada imposta a todos, inclusive a crianças de 5, 6 anos.

Naquela época, as pessoas se indignavam e resistiam às mudanças, também por causa da proximidade da sociedade agrária, na qual era natural criança trabalhar a partir dos 5, 6 anos. E a mesma base técnico-industrial que revolucionou a produção e as relações de trabalho permitiu ainda que só se começasse a trabalhar aos 14 anos de idade. Tecnicamente, tudo isso se tornara possível antes do momento de ruptura, mas se passaram vinte, trinta, cinqüenta, setenta anos para que condições políticas favoráveis a mudanças se cristalizassem em todo o mundo capitalista.

Os mártires de Chicago

Há 120 anos, os mártires de Chicago deram origem à constituição dos direitos do trabalho. Muita gente lutou e morreu por essa causa, por conquistas que a técnica e a ciência já possibilitavam. O fato de ser tecnicamente possível não significa socialização. Sem levar em conta os avanços, os saltos tecnológicos, as inovações e mudanças na produção, será muito difícil alterar a organização do trabalho.

Vivemos o tempo da sociedade urbano-industrial, dotada de escola, universidade, ensino universalizado, aparatos educacionais obtidos por pressão da família e da sociedade. Não achamos natural morarmos no local de trabalho nem trabalharmos de sol a sol, como na sociedade agrária. Nossos filhos não se socializam apenas pela experiência e pelo aprendizado com os mais velhos. Tampouco começam a trabalhar aos 5, 6 anos.

Por outro lado, as relações familiares da sociedade urbano-industrial se esgarçam. A máquina controla o ritmo de trabalho. Os filhos ficam cada vez mais distantes do convívio com os pais. A escola sozinha não supre as carências desse distanciamento, fatal à sociabilidade, à disciplina e ao respeito aos semelhantes. Na sociedade urbano-industrial estuda-se quando jovem e como precondição de ingresso no mundo do trabalho. Hoje, é incomum alguém com 40, 50, 60 anos estudar.

E o estudo é visto como algo estanque. Depois de ingressar e concluir o curso, o estudante de engenharia recebe o pergaminho e todos o consideram apto a exercer sua profissão pelo resto da vida, por cinqüenta ou mais anos. Isso não faz sentido na sociedade pós-industrial. O conhecimento adquirido há cinco minutos talvez não seja suficiente para vencer o desafio daquele instante. Na sociedade pós-industrial o processo educacional se inicia na infância e não se interrompe, não chega ao fim.

É enganoso dizer que estamos em uma sociedade da informação. Viajo muito pelo Brasil e constato o paradoxo: o volume de informação é enorme, mas a ignorância é maior. Falta sistematização; as pessoas têm muitas informações, mas não conseguem assimilá-las, compreendê-las, sistematizá-las. Não sabem usá-las e, quando mesmo assim tentam, aquele novo conhecimento já foi superado.

Os desafios da sociedade pós-industrial alteram nossa relação com a vida. Trabalhar quatro horas por dia não é vagabundagem. E o grau jamais atingido antes da intensificação de tarefas? E a preparação anterior, que se perpetua ininterruptamente, para o cumprimento da jornada diária? Essas exigências não se comparam às da sociedade urbano-industrial: chego ao trabalho, bato o cartão, trabalho tantas horas, posso não gostar dos colegas, detestar o chefe, mas vou, sou forçado a ir, a cumprir o horário.

O trabalho na sociedade pós-industrial, intelectualizado e imaterial, não se desliga do trabalhador. Esse cenário exige outras relações laborais, outras obrigações, outros direitos e outra regulação. Os países que não tiverem a capacidade de perceber isso ficarão para trás. Em nosso caso, não podemos mais perder a oportunidade de dar um salto à frente, até porque dessa vez temos condições de participar do momento de viragem. O futuro está aí e somos nós que decidimos – ou não – vivê-lo.

Não há dúvida: regular é um verbo estratégico, desde que conjugado no futuro. O passado nos leva, necessariamente, à desregulação, contra a qual nada tenho, exceto o juízo de que significa uma condição inferior àquela possível de alcançarmos, a partir de uma convergência nacional.

Trabalho e educação

Em relação à temática educacional, um dos nossos participantes situou um ponto-chave: a educação tem sido tratada de forma singular, independentemente do que ocorre na prática. Concordo em que é preciso pensar como formar A ou B de acordo com o curso traçado para o país. Formar engenheiros quando a construção civil está sem perspectivas levará o engenheiro, entre outras distorções, a concorrer no mercado de trabalho com outros profissionais.

Para onde caminha o país? O Sistema S se formou no bojo da perspectiva nacional de industrialização, do projeto nacional urbano. É mais fácil montar instituições voltadas para a formação profissional quando se conhece o rumo do país. As questões de regulamentação e reformas trabalhista e sindical também dependem de respostas claras. Que tipo de país queremos e que país teremos daqui a duas ou três décadas?

Quem pensou a CLT nos anos 1940 não sabia o que seria o Brasil nos anos 1950 e 1980, mas tinha consciência da expansão e da predominância da sociedade salarial, do emprego urbano. Tanto que a CLT se aplicava, inicial e acertadamente, apenas ao emprego urbano. Assim, por que não se acerta, primeiro, a questão previdenciária? Talvez porque estejamos sem horizonte. Mas o caminhante faz o caminho ao andar. Falta-nos definir o rumo. Estamos na trilha economicista e poderíamos tomar o atalho da crise de sociabilidade, a fim de evitarmos a desestruturação da família.

Um terço das famílias brasileiras da atualidade é monoparental – ou seja, compõe-se de um adulto e uma criança. Olhamos para os nossos valores e perguntamos: o que é uma família? É um homem com filhos de várias mulheres, ou uma mulher com filhos de vários homens? Que família estamos a constituir? Uma em que pai e mãe não têm tempo de almoçar com os filhos e na qual não há mais espaço de discussão e diálogo?

Falo muito pelo celular com meu filho, porém não há sociabilidade no telefone, na internet. Sociabilidade é olho no olho, é contato físico. Nossas famílias não constroem a sociabilidade. E quem pode construí-la? A educação. Não a educação de hoje, impregnada de valores individualistas, mercantilistas. Somos agora uma nação de deprimidos.

Exportação de cérebros

O Brasil, país de baixa escolaridade, também se destaca na exportação de mão-de-obra qualificada. Milhares de jovens formados saem daqui porque não têm campo de trabalho. Formamos cerca de 10 mil doutores por ano, número considerável, mas, ao contrário dos Estados Unidos, onde de cada dez doutores nove estão nos laboratórios e um no magistério, entre nós essa relação é exatamente inversa: de cada dez doutores, nove lecionam.

Nada contra o doutor professor. Acontece que nossas pesquisas e nossos laboratórios precisam de mais doutores. Quanto à questão da sociedade pós-industrial ou da informação, como tenho pouco tempo disponível e em nome de um melhor entendimento, reformulo o que disse: temos uma sociedade diferente da que construímos no século XX. Mas, seja lá o que for, a indústria atende, cada vez menos, à necessidade de emprego.

Nos Estados Unidos, 15% da mão-de-obra ocupada está na indústria e nos serviços, e 85% na área de terciários. O setor de serviços organiza as pessoas de outra maneira, não à maneira da indústria. É complexo falar a respeito disso, mais ainda em pouco tempo.

De mais prático temos o problema de construir convergências num país continental. Convergência, por exemplo, em torno do pleno emprego e do crescimento econômico. Como se chega a esse consenso? Quanto à informalidade, pode até ser ilegal, mas não necessariamente. E aí está o Estado para assegurar a competição isonômica. Se uma empresa contrata gente sem carteira assinada, pratica a informalidade e não respeita as normas da boa concorrência. O professor Noronha foi muito feliz ao demonstrar não ser possível tratar de todos esses problemas com orientação única.

Na questão previdenciária devemos reconhecer a competência dos constituintes de 1988, porque ainda estamos longe da crise enfrentada pelos países desenvolvidos. Crise de natureza demográfica, pois é grande o número de idosos aposentados em relação aos trabalhadores em atividade. Esse não é o nosso problema, pelo menos até 2030. Os constituintes de 1988 foram inteligentes, porque excluíram do custo do trabalho parte do financiamento da Previdência, viabilizando, de certa maneira, o financiamento das duas outras áreas da seguridade social.

Enfim, o custo do trabalho pode cair? Depende do financiamento das políticas públicas. Um exemplo: não vejo por que o salário-educação deva onerar a folha de pagamento das empresas. Mas, para tirá-lo da folha é preciso haver outra linha para seu financiamento, caso contrário, a educação, hoje mal das pernas, ficará pior. E o mesmo se dá com o Sistema S. Sem a compulsoriedade das contribuições, ele desaparece, como também o Instituto Nacional de Colonização e Reforma Agrária (Incra), a colonização do campo, a reforma agrária. Por isso, qualquer discussão acerca de encargos só faz sentido se interligada à discussão da reforma de nosso sistema tributário.

Todos querem reformar o modelo tributário brasileiro, porém não há consenso quanto ao tipo de reforma a ser feita. Uns só pensam o assunto em termos de maior ou menor arrecadação, outros querem instaurar a justiça tributária. Não temos imposto sobre fortunas, nem sobre heranças. Os ricos brasileiros não pagam imposto, ou pagam muito pouco, e a questão central não é a quantidade, e sim a qualidade do tributo.

PARTE IV

Unilateralismo, bilateralismo, regionalismo, multilateralismo: Que instrumentos nos convêm?

A arte de superar os desafios externos

José Augusto Guilhon Albuquerque

A minha tese é a de que não se trata de escolher livremente uma política externa com base em idéias, em ideologias, em ideais ou em preferências pessoais. A política externa decorre de uma necessidade de o país enfrentar um desafio externo. No plano sistêmico, dois objetivos principais. Um é o de que o Brasil não seja percebido como uma ameaça à ordem internacional, nem do ponto de vista militar nem do ponto de vista político. O segundo é o de que o Brasil não seja percebido como uma ameaça à ordem globalizada, à ordem econômica e financeira. São dois objetivos que me parecem fundamentais para que o país possa sobreviver como nação independente. São dois objetivos, um mais regional e o outro, bilateral.

O objetivo principal na região seria o de que o Brasil criasse – ou a ele se associasse – um eixo de países que tivessem convergência de concepção da economia, do mundo, e que são, a meu ver, o Chile, o México, o Canadá – ao contrário do eixo nacional-populista ao qual parece que estamos atrelados no momento. O objetivo bilateral seria o de que, em nosso continente, fôssemos o principal interlocutor dos Estados Unidos. O único país do continente que pode aspirar a essa posição é o Brasil, já que o México e o Canadá não podem ser considerados interlocutores totalmente independentes. O Brasil é o verdadeiro interlocutor, o país que tem uma decisão independente.

Estamos partindo de uma opção de política externa. Não vamos analisar ou fazer propostas a partir de concepções teóricas, a partir de ideais, a partir de visões éticas ou de visões pessoais. Partimos de uma metodologia rigorosa, que vai estabelecer as variáveis que afetam as ações políticas. São variáveis oriundas da realidade que respalda essa análise e esse método, baseado em critérios acadêmicos – determinar os fatores constitutivos das ações de política externa, as ações de política externa, os conjuntos de ações que se organizam em termos de política de longo prazo, as orientações de política externa. Examinar quais são as principais opções, as limitações, as alternativas e quais são, eventualmente, as ações que devem ser evitadas a qualquer custo pela política externa de um país, partindo da realidade brasileira e de seu contexto internacional.

Desafio e ação

São quatro os fatores constitutivos das ações de política externa: os que determinam o espectro de ações que se podem tomar, quais os limites que se impõem, as alternativas e as limitações e obstáculos que tornam ações de política externa totalmente inadequadas. O primeiro constitui os desafios – toda ação de política externa é tomada em reação a um desafio ou a uma ameaça de natureza internacional. Essas ameaças podem ser diretas ou indiretas e são relevantes porque são percebidas como vitais para um país. Por exemplo, no Brasil, a situação doméstica da Colômbia não é percebida como ameaça relevante. Historicamente, tanto o Itamaraty quanto as Forças Armadas, assim como os diferentes governos, não têm considerado que ali, na Colômbia, existe um potencial de ameaça vital à sobrevivência do Brasil como país independente. Então, como não é percebido, não entra na política externa. É importante a gente ter a noção de que a percepção é importante. Por outro lado, o Afeganistão e o Iraque foram percebidos como ameaças vitais aos Estados Unidos, e pouco importa a nossa opinião sobre isso. É a percepção que move os países e move as políticas externas das chancelarias das potências. Então é um fator de percepção.

Qual é o objetivo de enfrentar ameaças ou desafios? É o de tentar superar, conter ou contornar esses obstáculos. Quando existe uma ameaça, nem todo país tem recursos de poder para extinguir essa ameaça, que pode permanecer indefinidamente. Por exemplo, o fato de existir em nosso continente uma superpotência de tendência expansionista, tanto do ponto de vista econômico quanto do ponto de vista político-militar, como os Estados Unidos, é uma ameaça permanente à nossa independência. Mas ela pode ficar lá, ela não precisa ser extinta, nem podemos extingui-la. Portanto, o problema da ameaça que desencadeia um processo de ação de política externa é a sua percepção e capacidade de lidar com essa ameaça. Ela pode ser extinta, se for o caso, pode ser limitada, contida, ou pode, algumas vezes, ser contornada.

O segundo fator constitutivo são os objetivos. O que são os objetivos da política externa? São a reação à ameaça. O ponto que desencadeia o processo de definição da política externa, a meu ver, é a percepção de uma ameaça, a percepção de um desafio. Diante dessa ameaça ou desafio, qual é a ação a tomar? É traçar objetivos em relação a essa ameaça. Vamos voltar à questão dos Estados Unidos, tão controversa. A existência de uma potência como os Estados Unidos desde o início do século XX, já no final do século XIX era vista como uma ameaça potencial ao Brasil e, por isso, o barão do Rio Branco estabeleceu uma aliança tácita com os Estados Unidos para preservar a independência do país. Então, diante de uma ameaça, é preciso ter um objetivo. Qual é o objetivo? Manter relações cautelosas de independência com os Estados Unidos – era a doutrina do barão –, mas, ao mesmo tempo, de cooperação. O que são, no fundo, os objetivos de política externa? São os resultados esperados da ação de política externa. Objetivo é o que eu espero da minha ação de política externa, visando, portanto, a combater ou enfrentar ameaças.

Os novos atores

O terceiro fator constitutivo são os atores da política externa. Diante de um obstáculo, diante de um desafio ou de uma ameaça, tenho de determinar um objetivo para minha ação. Agora, quem vai determinar isso? Quem determina esses objetivos são os atores da política externa. E aqui não estou me referindo ao presidente da República, que tem esse dever constitucional no Brasil; não estou me referindo exclusivamente à burocracia diplomática – que no Brasil historicamente tem, de certa forma, exercido um monopólio da definição da política externa –, mas também a diversas burocracias de Estado.

Atualmente, essas burocracias de Estado estão se diversificando. Antigamente a única, além do Itamaraty, era a Fazenda; hoje temos o Desenvolvimento, Indústria e Comércio Exterior, o Ministério da Agricultura – que se tornou um ator importante – e, enfim, as organizações da sociedade civil, o empresariado, as forças sindicais, a academia, que, entre todos, é a que tem menos influência na definição da política externa. Então temos de saber quais são os atores, porque, conforme os atores, poderemos saber que tipo de ações e que tipo de limite para as ações existem. Há coisas que o Itamaraty pode fazer e que a Fazenda não pode; há coisas que o Congresso pode fazer e que os empresários não podem; há coisas que os empresários podem fazer e que, às vezes, o governo não pode.

Em quarto lugar estão os recursos da política externa. Diante desse desafio tenho de definir o objetivo, alguns atores devem definir objetivos, e esses objetivos têm de ser alcançados mediante recursos. E recursos de política externa também não se resumem à diplomacia. Recursos de política externa podem ser domésticos, econômicos. Por exemplo, o governo Lula usou recursos financeiros mais ou menos indiscriminada e extensamente, como hoje está fazendo a Venezuela, para obter apoio de países amigos. Os Estados Unidos fazem isso há muito tempo, sempre fizeram. Você pode usar recursos de natureza militar, seja sob a forma de ameaça, seja sob a forma de intervenção direta – quaisquer instrumentos de natureza material ou moral que possam ter efeito na política externa.

O que é a política externa? A política externa é o conjunto de ações tomadas por atores específicos, que mobilizam recursos para enfrentar desafios ou ameaças. Política externa pode ser entendida por esses quatro fatores constitutivos: atores que determinam objetivos e mobilizam recursos para enfrentar desafios. Não vou partir dos objetivos, das idéias, dos atores, vou partir das ameaças. Quais são as principais ameaças e desafios externos para a sobrevivência do Brasil como Estado independente? Se são essas as ameaças, os nossos objetivos devem ser esses. E, se são esses os nossos objetivos, quais os recursos de que precisaríamos para atingi-los? Essa é a minha linha de raciocínio.

Um complicador a mais é o fato de que as ações de política externa, a ação dos atores e os objetivos não funcionam num ambiente totalmente homogêneo. As relações internacionais são definidas por variáveis que se agrupam de forma não-homogênea. Existem variáveis chamadas de natureza sistêmica – um conjunto de variáveis que se distinguem dos aspectos individuais, na política externa. Uma coisa é ter um Winston Churchill como estadista de um país durante a guerra e outra coisa é ter um presidente com total desinteresse pela política externa, sem nenhuma atuação visível no cenário, como a do presidente Getúlio Vargas, por exemplo. Ele não considerava a política externa uma coisa importante, e escreve isso nas suas memórias. Apesar disso, teve uma atuação indireta muito importante na política externa, na relação Brasil–Estados Unidos.

A dança do poder global

As variáveis sistêmicas são relativas ao sistema internacional de poder. Se o sistema internacional de poder for imperial, um sistema de hegemonia exclusiva de um país, sua natureza apresenta limitações e desafios totalmente diferentes do que teríamos se nos encontrássemos em uma situação de polarização entre duas hegemonias, ou de hegemonia polarizada, como foi o sistema da Guerra Fria. Em um caso não há alternativa senão inclinar-se ao império hegemônico; no caso de uma polarização existem várias maneiras de sobreviver, seja aliando-se a um dos blocos, seja fazendo chantagem com os dois.

Existem, numa polarização, maneiras de se alinhar militarmente sem se alinhar política ou economicamente. E em uma situação como a nossa não existe uma hegemonia exclusiva, de natureza imperial; não existe polarização nem a terceira possibilidade, que seria um concerto de nações mais ou menos equilibradas entre si. Estamos numa transição em que todas essas hipóteses podem sobreviver. As alternativas se tornam muito maiores do que em uma situação imperial ou polarizada. Então é importante levar em consideração as modificações no sistema internacional de poder – que são as variáveis de natureza sistêmica –, quais são as principais potências, que restrições elas fazem à soberania dos Estados menores, quais as imposições de natureza econômica que daí derivam. Tudo isso na variável de natureza sistêmica, que independe dos países. Podemos ter uma democracia poderosa, uma diplomacia genial, mas isso não vai mudar o sistema de poder. Vou dar um exemplo rápido disso: a pretensão do governo Lula de mudar a geografia econômica do mundo quando o Brasil participa dessa geografia econômica com menos de 1% – a situação sistêmica é tal que está além da competência e do poder do país. Os Estados Unidos não conseguem fazer essa modificação unilateralmente e têm entre um terço e a metade da economia mundial e cerca de metade do comércio, também.

O segundo conjunto de variáveis corresponde àquelas que dizem respeito ao regime doméstico. Relacionam-se não mais à distribuição de poder no ambiente externo, mas à distribuição de poder no ambiente interno. Por quê? Porque é evidente que, quanto mais elitista, quanto mais antidemocrático for um país, mais a política externa estará fora do controle do cidadão. Então, as variáveis desse sistema de regime de poder são importantes. Até a chegada ao poder do presidente Bush, filho, a política externa americana sempre foi suprapartidária. Era uma política basicamente consensual, entre os dois grandes partidos, embora, evidentemente, cada setor tentasse atraí-la para o seu lado. Mas era bipartidária, suprapartidária, na nossa concepção. Com a entrada do governo Bush e a tentativa de um grupo hegemonista de impor seu tipo de política externa, ela perdeu o consenso e se tornou a política de um grupo acastelado na presidência. Com o governo Bush houve uma mudança que considero mais do que apenas uma alteração de governo; foi uma verdadeira modificação de regime.

O sistema político americano sempre se baseou em coalizões centradas – uma modificação de coalizão um pouquinho mais para centro-direita, um pouquinho mais para centro-esquerda, mas sempre mais ou menos centrada. Hoje existe uma coalizão fundamentalista, com um projeto hegemonista, que tem um domínio sobre a política externa e a política de defesa dos Estados Unidos. Portanto, houve uma modificação de regime, o que é importante e que altera a percepção da política externa. É evidente que a percepção do vice-presidente dos Estados Unidos, do ex-ministro da Defesa, que agora foi substituído, e do próprio presidente Bush – se é que ele tem uma visão de política externa – não é a de uma política externa consensual, suprapartidária e de Estado. Ela reflete muito mais uma mudança interna.

O terceiro grupo de variáveis inclui as de natureza institucional. Ele é muito importante por causa da questão da percepção. A supremacia, a espécie de monopólio que o Itamaraty tem, desde o início do século XX, sobre a política externa, é uma variável de natureza institucional. É próprio de nossa instituição diplomática, que é única no mundo, desenvolver essa capacidade de dominar inteiramente a informação, a definição, a operação da política externa. Por quê? Porque as instituições, não só as instituições ligadas ao governo, mas a academia, as organizações não-governamentais, etc., disseminam uma percepção de si e do mundo, uma percepção do papel do Brasil, do lugar do Brasil no mundo, que vai influenciar os atores na definição da política externa. Então essa variável também tem de ser levada em consideração.

O poder individual

E, finalmente, o nível individual. No nível individual se leva em consideração se a chegada ao poder de um presidente, ou a nomeação de um chanceler, ou a existência de uma figura que tenha um peso específico na formação da política externa, pode ter uma atuação. Por exemplo, é aceito no Brasil que o presidente Ernesto Geisel teve uma função extremamente importante na definição da política externa. A meu ver, maior do que a de muitos outros presidentes; maior do que a do Fernando Henrique

Cardoso. Uma coisa é a capacidade analítica do Fernando Henrique, a sua informação e a sua facilidade de contato internacional. Outra coisa é ingerência direta na política externa, com padrões muitas vezes de natureza pessoal.

Essa é uma questão de opinião. Estou dando um exemplo, mas pode-se pensar em exemplos completamente diferentes. Jimmy Carter, se pensasse como pensa hoje na época em que era presidente, teria tido outra influência na política externa americana. Pessoas como Bill Clinton, que no início do governo não apresentava nenhum interesse maior pela política externa – até mesmo porque não havia nada de fundamental na política externa americana quando ele se candidatou e foi eleito –, ao longo do mandato foi evoluindo e se interessando pela política externa, demonstrando, até mesmo, uma capacidade de articulação bastante elevada. Então há questões individuais que são importantes: os indivíduos influenciam a percepção e os desafios, a distribuição de recursos, de objetivos, etc.

Qual é a base das ameaças que temos hoje no contexto internacional? Elas derivam, a meu ver, de três conjuntos de fatores que emergiram com o final da Guerra Fria. O primeiro é o que eu chamo de as bases difusas da cooperação e do conflito. Na Guerra Fria, a base de cooperação do conflito era fundamentalmente ideológica, a divisão entre dois mundos, entre duas organizações políticas, duas organizações da economia, duas visões do mundo, duas ideologias, etc. Então você cooperava ou conflitava em função disso. Mesmo os conflitos regionais, religiosos que apareciam, para serem percebidos como conflitos, tinham de ganhar dimensão ideológica. Às vezes, problemas puramente regionais internos, peculiares a determinados países, problemas de fronteira, para que pudessem ser aceitos pela comunidade internacional como verdadeiros problemas que talvez nem existissem, só tinham expressão se agregados à Guerra Fria. Havia, então, critérios muito claros e rígidos para definir o que era cooperação e o que era conflito.

O certo e o errado

Agora as bases são difusas, porque podemos ver países que cooperam militar e politicamente, conflitam do ponto de vista econômico comercial e podem, eventualmente, se confrontar de maneira séria em outras áreas. Os Estados Unidos e a Europa não se entendem sob o ponto de vista militar no Iraque, mas combinam perfeitamente sobre a questão da cooperação. Conflitam na questão do comércio e, em termos políticos, a Europa não aceita, senão com muita relutância, a liderança americana. Por isso, as bases de cooperação e de conflito não são únicas, nem muito claramente delimitadas. Isso leva a alianças, composições de geometria variável e instável.

A primeira Guerra do Golfo começou praticamente com a participação do mundo inteiro, incluindo todos os países muçulmanos e até mesmo o Irã, do lado dos Estados Unidos. Pouco a pouco essa participação foi se diluindo. Então um país ou um continente podem, como o Japão e a Europa, se confrontar com os Estados Unidos em determinado campo, apóia-los em outras áreas e competir com eles na área comercial. Há, hoje, muito mais liberdade de posicionamento, mas em compensação existe muito mais risco, porque nunca se sabe quando se está cooperando ou conflitando do lado certo, pois na verdade não existe um lado certo.

A outra questão é a indeterminação das fronteiras entre o doméstico e o político. Essa indeterminação sempre existiu, porque essa divisão entre o que é doméstico e o que é externo é uma divisão analítica. É uma visão que consideramos para poder entender melhor como funcionam as variáveis externas e as variáveis domésticas. Essa confusão sempre existiu, mas, mal ou bem, os países se punham de acordo para dizer: isso aqui consideramos externo, isso aqui consideramos doméstico. Havendo uma intervenção, prevalece, internacionalmente, a idéia de que há uma separação absoluta entre os interesses domésticos.

Há dez anos seria inadmissível que a ONU, ou qualquer organismo internacional, desse palpite sobre questões domésticas, tais como política econômica interna, política social, política trabalhista, etc. A política trabalhista tinha um grande guarda-chuva, mas não era um guarda-chuva interventor. Hoje, a intervenção é aceita. O Brasil talvez tenha sido um dos últimos países a aceitar isso. Relutou, opôs-se inteiramente sempre que políticas de direitos humanos, políticas sociais e outras fossem incluídas na agenda internacional. Mas hoje o país aceita, por exemplo, a intervenção da Corte de Direitos Humanos da Organização dos Estados Americanos (OEA). Dez anos atrás isso seria totalmente impensável. O Brasil hoje considera legítimo intervir na política doméstica do Peru, do Equador, da Venezuela, da Bolívia. Isso era uma coisa que até há pouco a diplomacia brasileira rejeitava absolutamente, porque não queria abrir um precedente para a intervenção americana. Essa questão, hoje, desapareceu. O puro não-intervencionismo não existe mais. Talvez eu seja uma das únicas pessoas que ainda pensam que era bom um pouco de não-intervencionismo; mas, de maneira geral, nem sempre digo isso, para que não pensem que sou um homem do século passado.

ONG, ecologia e terrorismo

O terceiro aspecto é sobre a determinação do terrorismo globalizado. Isso tem que ver com as questões transnacionais. Houve, no final da Guerra Fria e no pós-Guerra Fria, o crescimento dos processos transnacionais, que não se limitavam territorialmente nem na sua origem nem no seu desenvolvimento nem no seu resultado. O mais conhecido e banalizado desses processos transnacionais é o ambiental. Qualquer processo ambiental, positivo ou negativo, pode ter origem num território, se desenvolver em outro e ter seus efeitos em um terceiro. Por exemplo, a poluição dos cursos d'água. É muito perversa, porque uns poluem e os outros recebem a poluição a vau. Esses processos são todos aqueles que independem da natureza territorial para existir e para prosperar. As organizações não-governamentais (ONGs) são dessa espécie. Os diferentes tráficos são dessa natureza – tráfico de armas, de pessoas, de drogas, todos têm essa natureza e cresceram muito diante de países cujos instrumentos de defesa, de ordem e de governança são, basicamente, territoriais. As nossas leis são territoriais, a nossa polícia é territorial, o nosso exército é territorial. E isso generalizou desafios que os Estados nacionais têm dificuldade de conter; justamente porque são os instrumentos, eles se voltam para processos territoriais e estão diante de processos que não são territoriais.

Então, criam-se barreiras, cercas, muros tentando conter processos como o terrorismo, que, por sua natureza, não é territorial e, portanto, não pode ser contido dessa maneira. Além de ser extraterritorial, transnacional e, portanto, significar um desafio para cuja contenção os Estados nacionais não têm instrumentos, o terrorismo hoje é globalizado e tem outra natureza. Não é mais o terrorismo nacionalista, o terrorismo de minorias, ou mesmo o terrorismo de uma guerra civil ou de uma guerra entre dois países; mas o que se dá em redes. Por exemplo, os grandes atos terroristas, depois do 11 de setembro, foram organizados por cidadãos ou estrangeiros residentes, como no caso da Inglaterra, onde as ações envolveram, basicamente, cidadãos ingleses, quando todo mundo estava certo de que a origem desse terrorismo era extraterritorial. Isso passou a significar um duplo desafio para os quais ainda não se tem resposta. A política antiterrorista dos Estados Unidos é muito mais militar, territorial, voltada para Estados e populações específicas, quando o desafio que se persegue não tem nenhuma dessas características. Essa é, portanto, uma situação complicada.

As agendas de Lula

Vamos para a agenda de Lula, mas antes vamos voltar aos anos 1990, que nos serviriam de comparação para analisar o momento presente, pois na época houve uma grande modificação na diplomacia brasileira, sobretudo em relação às questões internacionais. O Brasil era visto como uma ameaça universal no final dos anos 1970 e nos anos 1980 porque éramos devedores em política ambiental, em política social, em política de proteção aos povos. Além disso, estávamos envolvidos em uma corrida armamentista com a Argentina. Tínhamos a maior dívida externa do mundo e não queríamos negociar; durante mais de dez anos não se negociou e, do ponto de vista do comércio, o Brasil era um dos países mais protecionistas. Tivemos, ainda ao longo dos anos 1980, uma ação no Acordo Geral sobre Tarifas e Comércio (Gatt), a criação de uma coalizão de veto do Brasil, da Índia e de outros países para impedir a Rodada Uruguai e, depois, impedir que a Rodada Uruguai incluísse algo mais do que tarifas industriais. Depois houve uma modificação nas exigências da coalizão, mas as modificações já estavam presentes no que foi negociado e a diplomacia brasileira foi obrigada a reconhecer que, para conseguir concessões de fora, tinha de fazer concessões de dentro. Então houve várias modificações. A agenda transnacional estava completamente fora da nossa pauta, nada de agenda ambiental, nada de agenda de direito dos povos, nada de agenda de direitos humanos, até mesmo porque o Brasil também era devedor dos direitos humanos até o final do governo militar. Houve então uma modificação: o Brasil teve de se acomodar a isso, aceitar isso na agenda, aceitar a idéia de um objetivo de democracia.

O que aconteceu no governo Lula? A questão do terrorismo tem sido tratada de maneira extremamente ambígua – a impressão que dá é a de que para o Brasil essa é uma questão menor, uma questão absolutamente secundária. Por exemplo, quando a OEA ia adotar uma medida classificando como terroristas as Forças Armadas Revolucionárias da Colômbia, o governo brasileiro não só não apoiou essa medida como nosso chanceler declarou: "Mas como vamos dizer que é terrorista? Nós não temos uma lista de terroristas, não podemos definir o que é terrorista, então não podemos adotar essa medida". Tivemos aproximações na questão do Oriente Médio; a nossa posição em viagens do chanceler e do presidente foi claramente a de se aproximar de países como a Líbia, ter uma atitude discriminatória em relação a Israel e prestar um apoio bastante claro em relação à autoridade palestina. Ainda em relação à questão dos direitos humanos, o Brasil tem apoiado, sistemática e abertamente, países que são violadores contumazes e perversos desses direitos, como Cuba e China. Agora mesmo o secretário dos Direitos Humanos do governo brasileiro visita a China, por exigência chinesa. Os chineses não querem respeitar os direitos humanos, mas querem ser reconhecidos como respeitadores e, mais ainda, querem obrigar os países a reconhecê-los como líderes dos direitos humanos. Por isso, a pressão.

Por que tem sido dada uma impressão de caráter errático à política externa, diferentemente da visão do próprio governo? Nunca houve uma disparidade tão grande entre a visão do governo e a visão de vários setores da sociedade civil. A idéia de que ela é um sucesso absoluto vem do fato de que, no início do governo, foi muito bem-sucedida em relação ao que se esperava. Por que razão isso ocorre? Porque o governo Lula adotou três agendas distintas e muitas vezes conflitantes. A primeira foi, de certa forma, mantida, mas de maneira bastante limitada. É a nossa agenda tradicional, uma agenda de diplomacia econômica. Basicamente, o objetivo principal é manter um ambiente externo favorável ao nosso crescimento e à nossa estabilidade. A idéia de que nosso crescimento depende muito de uma visão favorável dos nossos parceiros internacionais implica a obrigação de que qualquer margem de manobra que o país pretenda realizar venha a ser feita, obrigatoriamente, em ambiente que nos favoreça. A mesma coisa com relação à estabilidade monetária. Se não tivéssemos construído uma visão de seriedade e de responsabilidade na área monetária ao longo dos anos 1990, quando houve a crise do real, em 1998, não teríamos tido a ajuda dos nossos parceiros internacionais, o que teria sido muito pior.

Essa é uma agenda que permanece. Mas de que maneira? Em setores pouco relevantes no governo para a definição da política externa, como a Fazenda, a Agricultura e o Desenvolvimento. Por quê? Primeiro, porque são dirigidos por setores estranhos ao PT, estranhos ao governo, estranhos à orientação de política externa que tem sido desenvolvida pelo Itamaraty. Segundo, porque essa é uma agenda de concessões, que tende a ser pouco popular, pois, segundo ela, temos de aceitar acordos regulatórios que muitas vezes diminuem a nossa margem de manobra, temos de fazer concessões tarifárias, etc. É uma agenda impopular, dirigida por ministros que nada têm que ver com o partido no governo e que, por isso, têm pouco poder de manobra.

Pessoal e ideológica

A segunda agenda é a pessoal do presidente. Todo presidente tem uma agenda internacional pessoal? Sim. Fala-se muito em diplomacia presidencial. Mas não é a isso que estou me referindo; refiro-me ao fato de que existiu desde o primeiro momento do governo e existe ainda hoje uma agenda específica para projetar a imagem e a liderança do presidente no mundo. Havia uma expectativa de que era preciso criar uma plataforma a partir da qual o presidente brasileiro exercesse um grande papel de liderança mundial, e isso veio pelo caráter ilusório do primeiro sucesso que o presidente fez no exterior. Fez um sucesso extraordinário, absolutamente extraordinário em relação à mídia, aos chefes de Estado e ao público interno. No primeiro ano, quando o governo praticamente não teve nenhuma realização, ficou paralisado, sobretudo pela reforma previdenciária, ele tinha como grande trunfo exatamente essa projeção externa. Então existe essa agenda. Só que ela pode ou não ser compatível com a agenda permanente econômica e financeira e, também, com a terceira agenda, que é a ideológica. Qual a vantagem dessa agenda pessoal do presidente? É algo que aparentemente não tem custo e não tem limite – a idéia é a de que o capital de sucesso pessoal e de liderança do presidente é ilimitado e pode ser gasto ilimitadamente. A outra tem custo e é impopular. Essa é popular e não tem custo.

A terceira agenda é a agenda ideológica. O que chamo de agenda ideológica é a proposta, recorrente na nossa política externa, de reformular a economia internacional, de criar uma coalizão com países – não pela sua convergência conosco em termos de valores, de economia mesmo ou de interesses compartilhados, mas pelo fato de serem percebidos ideologicamente como eventuais parceiros numa mudança das regras do jogo internacional. O nosso vice-ministro, o Secretário-Geral do Itamaraty, Samuel Pinheiro Guimarães, em uma palestra que fez para estudantes de relações internacionais na Universidade de São Paulo (USP), disse, simplesmente, o seguinte:

"Todo mundo diz que o Brasil não tem muitos recursos na área internacional, mas tem; o Brasil é muito poderoso, o Brasil tem muito poder, o Brasil tem poder suficiente para mudar as regras do jogo de acordo com os nossos interesses e nós vamos fazer isso".

Essa é uma percepção do que é uma agenda ideológica: o Brasil é capaz de, junto com a Rússia, a Índia e a China, mudar o jogo do poder internacional. Tudo bem, mas a Rússia não quer fazer isso. Tudo o que a Rússia quer é se entender com os Estados Unidos, deixar que os Estados Unidos continuem com a sua política de imperialismo interno, destruindo os movimentos regionais, etc. A última coisa que a China quer é se opor aos Estados Unidos. A China quer o quê? Quer o apoio dos Estados Unidos até onde for possível. E a Índia, hoje, foi reconhecida pelos Estados Unidos como uma potência mundial, uma potência nuclear mundial. Então que sentido tem mudarmos o sistema de poder do mundo com gente que não quer mudar, porque está muito satisfeita por estar como está e tem uma visão completamente diferente da nossa? A Índia fez uma política com o nosso mesmo objetivo, que é o de ser reconhecido como potência, ser eventualmente convidado para o Conselho de Segurança, um órgão permanente da ONU. Mas fez uma política completamente diferente da nossa e chegou lá. Então essas três agendas podem conflitar, ou não. O que ocorre é que a probabilidade de a agenda pessoal colar na agenda ideológica é muito forte. Ela é feita pelo Planalto, que compartilha da impressão de que, quanto mais poder Lula tiver, mais forte será a agenda ideológica, que, por sua vez, reforça a agenda pessoal. Dá-se o contrário com a possibilidade de casamento entre a agenda pessoal e a agenda permanente, que é muito remota. Por exemplo, a única vez em que o presidente falou sobre comércio foi para dizer que era preciso uma reunião de presidentes para resolver o problema da OMC. Ora, qualquer pessoa que tenha o mínimo conhecimento do que é a OMC sabe que o presidente nunca vai resolver, em seu âmbito, problema nenhum. Então essas agendas acabam, de certa forma, se excluindo. A minha tese é de que essa agenda de política externa, acusada de ser completamente errática, completamente sem lógica, não é errática e tem três lógicas. Essas lógicas podem se sobrepor e algumas vezes conflitar, mas a agenda pessoal de Lula é completamente lógica, completamente racional. Pode até não dar certo, mas ela é racional.

Poder nuclear e terrorismo

Quais seriam, então, as propostas? Hoje, as grandes ameaças sistêmicas, consideradas do ponto de vista da comunidade de países democráticos, são a proliferação nuclear e o terrorismo. Acho que não há nenhuma dúvida de que essas são percebidas como as grandes ameaças. A diplomacia brasileira insiste em que todos os problemas têm raízes sociais profundas ou têm causas profundas. Não importa. Se as potências não percebem assim, não importa. Não adianta você morrer com a razão, é bobagem ser destruído com a razão – você tem de considerar como é que as pessoas percebem. Esse é um desafio para nós? Acho que sim, porque temos sido ambíguos na questão da proliferação nuclear; cada vez mais ambíguos. Recentemente o vice-ministro deu a entender que o Brasil teria se retirado do debate ao tratar da proliferação e, como exemplo, citou a Coréia do Norte. Isso, a meu ver, além de ser uma provocação, é de uma ambigüidade muito grande em relação à questão. A mesma coisa com relação ao terrorismo. Não temos uma posição clara sobre isso – a posição brasileira é extremamente ambígua. Sobre a questão, fiz um grande levantamento dos discursos do presidente, do chanceler Celso Amorim e, em nenhum momento, constatei a existência de uma condenação ao terrorismo. Os discursos foram feitos sempre para dizer que o terrorismo tem causas profundas e que, enquanto essas causas profundas não forem resolvidas, não se pode combater o terrorismo. Muito bem, o crime tem causas sociais profundas, a riqueza tem causas sociais profundas, tudo tem causas profundas; o latifúndio, no Brasil, tem causas profundas.

Outra grande ameaça são os choques de estabilidade. Hoje eles saíram um pouco da agenda. Houve um grande ciclo: 1994, no México; 1997, na Ásia; depois na Rússia, depois no Brasil, em 1998. Saíram um pouco da agenda, mas ainda estão aí. Quando acabar esse choque do petróleo, o que vai ocorrer? Então, ser visto como um país que não é sério na questão da estabilidade monetária é um risco. Mas essa é uma ameaça que para nós, hoje, está completamente contida. Se há uma coisa que se pode creditar ao governo Lula é de haver dado continuidade absoluta à política do governo anterior, nessa questão. Portanto, o governo está dando, o tempo todo, sinais extremamente claros de que o Brasil, nessa área, joga as regras do jogo – e vai continuar jogando as regras do jogo. Estamos, em relação a essa ameaça, absolutamente tranqüilos.

Objetivos sistêmicos. Adesão sem ambigüidade à ordem vigente. Não somos contra a ordem vigente, não somos aliados da Coréia do Norte nem de Cuba nem da China. Adesão sem ambigüidade à comunidade de nações democráticas em relação às questões dos direitos humanos, direitos civis, respeito à legislação, Estado de Direito, etc. Adesão sem ambigüidade à ordem econômico-financeira e comercial, incluindo acordos regulatórios, etc. Em conseqüência disso, adesão plena à Organização para Cooperação e Desenvolvimento Econômico (OCDE). O Brasil hesita em entrar na OCDE por razões ideológicas, numa renúncia à politização da OMC, criando continuamente choques, atritos e coalizões de veto. Do ponto de vista regional, ser reconhecido como o principal interlocutor dos Estados Unidos. Ser contra a nuclearização e a corrida armamentista na América Latina. Retirar o veto à integração econômica regional e inter-regional que existe hoje.

A volta ao pragmatismo dos anos 1970

Maria Silvia Portella de Castro

A análise do professor Guilhon foi literalmente uma aula de conceituação, metodologia e formulação teórica para a avaliação de uma política externa. Mas, quando ele entra na discussão da política do governo Lula, passo a discordar de quase tudo que disse. Gostaria de retomar algumas questões que foram apresentadas. Uma é a política externa no governo Ernesto Geisel – estou plenamente de acordo que a política externa brasileira de hoje e a que atravessou os anos 1990 têm suas bases estruturais exatamente naquele período.

Acho que a política externa pragmática, como era chamada na época, até mesmo em relação a África e ao Oriente, é a mesma de hoje. Os componentes do comércio e da inserção política propriamente dita continuam presentes e acredito, também, que o governo Lula reforçou mais esse aspecto do que o governo Fernando Henrique Cardoso. A abertura em relação ao Oriente e à África, nos anos 1970, deu-se pela penetração de empresas brasileiras nessas regiões, principalmente empresas de construção civil.

Não acredito que a política do governo Lula para a América do Sul tem dependido de gasto indiscriminado, como foi dito. Ao contrário, se gastássemos mais, estaríamos indo melhor. Na verdade foi feito o que já se fez lá atrás: a ponte inaugurada recentemente na Venezuela foi construída por uma empresa brasileira, a

Odebrecht. Poderia citar vários outros exemplos como esse. Então, se há uma coisa que não vejo é fragmentação nessa política. Acho que ela tem alguns vieses, considera algumas questões que acho secundárias e que, se pudesse, mudaria. Mas estamos analisando a política externa em seu conjunto e, por isso, a considero bastante integrada em seu tripé estrutural.

Independentemente da percepção que tenho da visão política de Fernando Henrique, vejo-o como um quadro intelectual e teórico indiscutível. Mas acho que na política externa ele atuava muito mais como um analista acadêmico do que como um estadista, deixando o papel principal com o Itamaraty.

No governo Lula, quando Marco Aurélio Garcia foi nomeado assessor internacional, fiquei muito preocupada em saber como é que se combinariam as agendas, dele e do governo. São todos atores políticos de trajetória, de história e todos bastante personalistas. O ministro Celso Amorim, Marco Aurélio, o embaixador, todos eles são pessoas com um ego bastante razoável, talvez compatível com sua capacidade. Então a minha preocupação era saber como tudo se harmonizaria.

Pelo que tenho percebido, existe uma divisão de trabalho bastante harmoniosa entre eles, e o carro-chefe nessa composição da política externa brasileira é o presidente Lula. Isso se deu por um processo de amadurecimento contínuo. O embaixador Celso Amorim talvez seja um dos mais poderosos ministros de Relações Exteriores que vi na história brasileira recente – isso por sua impressionante capacidade de trabalho. Enfim, acho que a agenda externa brasileira está empenhada, em primeiro lugar, na recuperação da relação sul-sul que o Brasil começou a desenvolver no período dos países não-alinhados, retomou no período Geisel e agora volta, novamente, a ela. Essa agenda considera todos os aspectos que foram mudados, modificados, nesse período.

Concessões prejudiciais

O professor Guilhon afirmou que a melhor coisa do governo Lula é a política econômica – e aí está mais um dos nossos pontos de divergência, pois acho que não é. Mas a continuidade da política econômica deu uma outra característica à política externa brasileira. Não é possível recuperar a relação sul-sul com base na teoria do Terceiro Mundo ou dos não-alinhados. O Brasil está bastante adaptado a essa questão. Há grande diferença entre as negociações da Rodada Uruguai e as de hoje, na OMC, com a criação do G20, que estabeleceu uma diferença marcante na condução e na capacidade de polarização de uma agenda no âmbito da OMC. Nos anos 1990 o Brasil foi obrigado a reconhecer que tinha de fazer uma abertura, que tinha de ceder. Um dos grandes problemas da Rodada Uruguai é que o Brasil, assim como outros países em desenvolvimento, foi levado a fazer concessões extremamente elevadas e praticamente unilaterais. Acredito que um país só deve fazer concessão a partir do momento em que receber alguma coisa em troca.

O período de abertura no Brasil começou no governo José Sarney, continuou no governo Fernando Collor de Mello e se consolidou no governo Itamar Franco. Foi um período, principalmente até 1994, em que o Brasil fez concessões unilaterais extremas. Se isso foi feito para recompor um período perdido, ou recuperar um atraso, não importa, pois existem "n" razões para analisar. Agora, essa abertura – analisando o impacto trazido para o mercado de trabalho, as condições em que foram feitas as concessões e o que foi recebido em troca – foi negativa, pois calcada em concessões unilaterais.

Então a política externa brasileira está tentando conjugar defeitos e virtudes – a constituição de um pólo ou de uma política de multilateralização não só com os Estados Unidos, mas também com a Europa e com independência e o reconhecimento das diferenças mútuas. Acho que a negociação Mercosul e União Européia deixa bastante claro isso. No caso da Guerra do Iraque, por exemplo, a posição do governo brasileiro foi bastante clara, de alinhamento com a posição européia. E, na América do Sul, o Brasil recuperou a vontade de constituir-se liderança regional.

Temos algumas dificuldades. Em primeiro lugar, a de o Brasil se colocar como o principal interlocutor dos Estados Unidos. É um objetivo importante. Não o colocaria jamais como principal, como o Guilhon o colocou. O Brasil já faz esse papel hoje, e ele tem sido fundamental na intermediação da relação dos Estados Unidos com a Venezuela, com Cuba. A solicitação de intermediação não partiu dos países menores, partiu exatamente do reconhecimento, por parte dos Estados Unidos, do papel político que o Brasil exerce perante esses países. Uma grande dificuldade para o Brasil se consolidar como liderança no continente é a definição de quais os atrativos que deveria oferecer aos seus vizinhos. O grande atrativo seria, evidentemente, seu imenso mercado de consumo. O problema é que para poder oferecer isso o Brasil terá de iniciar um processo de redistribuição de renda e de integração do mercado interno, o que até agora não foi feito. Outra grande atração seria a capacidade de gerar investimentos ou de levar investimentos para esses países. Isso explica todo o esforço que o Brasil vem desenvolvendo na Comunidade Sul-Americana de Nações (Casa) para mostrar como seriam interessantes os investimentos em infra-estrutura, ainda que seja obrigado a deixar fora da discussão a questão comercial. Do ponto de vista político, uma associação como essa não se sustentará, mas o interesse brasileiro está, realmente, calcado na infra-estrutura.

Interesses domésticos

Temos, ainda, outras dificuldades. O professor Guilhon fez uma avaliação das Américas, colocando como exemplo Brasil, Chile, Canadá, México. Canadá e México não cabem, pois fazem parte de um bloco americano. Vamos falar, então, da América do Sul. Aí está havendo uma polarização – mais política do que efetivamente geográfica, econômica – entre o Chile e a Colômbia, pelo alinhamento Pacífico e pelo alinhamento Atlântico. O primeiro, mais vinculado a uma política de livre comércio com os Estados Unidos; e o outro, com o que é chamado de nacional-populismo.

Há uma grande diferença entre Lula, Chávez, Kirschner, Tabaré Vasquez, Evo Morales. E historicamente só têm tradição de política externa na América do Sul o Brasil e o Chile. São duas vertentes bastante diferentes de política externa. O governo chileno, desde a redemocratização do país, tem uma visão muito clara de política externa, e o governo brasileiro continua a ter percepção e estratégia de política externa, concorde-se ou não com ela. Os nossos parceiros sul-americanos têm uma política muito mais voltada para as suas questões internas, domésticas. A disputa entre Uruguai e Argentina, uma coisa absurda, está muito mais pautada pelo personalismo de dois presidentes e pelos interesses internos, domésticos, do que pela política do Mercosul.

A mesma coisa podemos dizer do governo Chávez, e acho, até, que o governo Lula tem sabido tratar de forma bastante inteligente com a Venezuela – mantém uma relação de aliança e de apoio, mas absolutamente independente, sem ficar atrelado à política venezuelana. Basta ver como foi o tratamento dispensado ao grupo de amigos nas negociações do Mercosul na época em que houve a tentativa de golpe na Venezuela. A atitude do governo Lula em relação à Bolívia, no recente conflito, foi fundamental para desarmar a possibilidade de exploração política, ao contrário do ocorreu entre Argentina e Uruguai.

Esforço para integrar

Não farei da apologia a antítese do discurso. Somos vulneráveis, mas nunca se investiu tanto em um processo de integração regional como nos últimos anos. Participo há um bom tempo das discussões no Mercosul, acompanho as negociações de perto e sinto que em determinadas áreas não se avançou; ao contrário, houve retrocesso. Então fica complicado entender como é que com tanto empenho político e investimento o Mercosul não tenha avançado. Recuso-me a dizer que a culpa é dos nossos vizinhos. Acho que em parte é; mas também entendo que deve ficar mais clara qual é a estratégia brasileira. A minha percepção, ao contrário da do Guilhon, não é a de que o Itamaraty domina todo o espaço, embora ele tradicionalmente tente manter esse controle. Mas determinadas políticas brasileiras não têm sido levadas avante por restrições do Ministério da Indústria, do Ministério da Agricultura e, fundamentalmente, do Ministério da Fazenda, tanto no período de Antônio Palocci quanto no de Guido Mantega, porque tanto o primeiro quanto o segundo são petistas. O grosso do Ministério da Fazenda não é do PT. Então essas restrições têm sido complicadas. Por exemplo, a própria constituição do Fundo de Convergência (Fosfem), no Mercosul. Para que o Ministério da Fazenda aceitasse que o Brasil contribuísse com 75 milhões de reais, foi necessário um processo que levou mais de um ano e só saiu, mesmo, porque o presidente Lula interferiu. Você vê a discussão em torno da aftosa. Cada vez que há uma crise de aftosa, no Brasil ou na Argentina, há uma disputa para saber quem é que vai ocupar o lugar do outro no mercado externo. Mas nunca há a proposta de fazer uma cooperação para livrar toda a região da aftosa. Na discussão dos fóruns de competitividade da indústria e na negociação do acordo bilateral Brasil– Argentina para introduzir um tipo de salvaguarda, as restrições do Ministério do Desenvolvimento foram muito grandes. Por isso o Brasil precisa ter mais claro como quer fazer a abertura do seu mercado e como quer exercer uma política mais ofensiva, mesmo que mantendo alguns resquícios protecionistas muito fortes.

Samuel Pinheiro Guimarães, secretário-geral do Itamaraty, é um excelente profissional, um excelente intelectual. Mas não concordo com a condução que ele dá a alguns assuntos, por exemplo, a forma de negociar com a Argentina. A agenda bilateral com a Argentina é uma agenda macroeconômica importante, não pode ser feita à base de concessões miúdas e constantes; deve ser fundamentada em uma barganha concreta. Isso está faltando e traz problemas políticos para dentro do Mercosul.

Quero ressaltar duas atitudes importantes tomadas pelo Brasil – o reconhecimento das assimetrias dentro do Mercosul e o esforço para melhorar as políticas de investimento e de apoio ao Uruguai e ao Paraguai. Espero que isso vá adiante porque, efetivamente, contribuirá para a consolidação política do Mercosul.

O jogo mercantilista dos acordos

Marcos Sawaya Jank

Vou concentrar-me mais nos temas de política comercial, pois acho que há muita coisa para ser dita a propósito, em relação ao governo Lula, ao Brasil e em resposta à pergunta: unilateralismo, bilateralismo, regionalismo ou multilateralismo?

A primeira grande dúvida é se política comercial é parte da política externa ou da política econômica. Na minha opinião, parte das duas. No mundo inteiro ela costuma ter essas duas áreas. Por um lado, política comercial tem que ver com comércio em si, é uma das áreas importantes da macroeconomia, junto com a política monetária, a política fiscal e a política cambial, porque afeta as tarifas, as cotas, a discriminação tarifária, a discriminação nas fronteiras, o comércio. Por outro lado, ela tem que ver também com todo o resto da política externa, e acho que a gente tem de começar a raciocinar a partir daí. Em que sentido?

O primeiro ponto é o de que no Brasil a política comercial tem sido mais política do que comercial. Quais são os resultados concretos que se obtiveram nos últimos anos da política comercial, em termos de comércio? Houve um período de intensa política comercial quando da abertura unilateral da economia. Goste-se ou não, isso impactou profundamente a economia brasileira. Houve ainda outro período importante, o final da Rodada Uruguai, e, depois, um terceiro período, quando da implementação do Mercosul, na sua primeira fase. De 1985 a 1995 houve política comercial efetiva em todas as frentes – multilateral, sub-regional e unilateral.

De lá para cá ocorreu muito pouca coisa, essa é a verdade. Não temos mais unilateralismo, não temos nenhum sub-regionalismo funcionando direito. O multilateralismo está travado nesse momento, e o bilateralismo é extremamente capenga, para dizer o mínimo.

Então acredito que temos de pensar seriamente na questão da inserção, que, ao contrário da política econômica e do comércio, não tem de ser ampla. Política externa tem de ser feita com todo o mundo – com Cuba, Coréia, todos os países. Comércio deve-se fazer, se possível, com todo o mundo, se bem que só conseguimos fazer comércio com o mundo todo na área do agronegócio e dos minerais; na área dos produtos industriais somos basicamente regionais; somos globais apenas em *commodities*. Mas o comércio, se possível, seria bom fazer com o mundo todo, como faz a Ásia. Aliás, a nova geografia comercial existe e ela é caracterizada, hoje, pela profunda inserção comercial do Leste da Ásia, em grande parceria com países ricos. Ela é essencialmente norte-sul, e nela somos marginais, como foi muito bem colocado pelo Guilhon.

Acho que devemos fazer comércio com o mundo inteiro. Agora, política comercial tem que ver com discriminação, imposta e recebida, em maior ou menor grau, dependendo da habilidade política desenvolvida. Isso se faz através de acordo comercial – então, mede-se a política comercial quando o acordo comercial é implementado, e, nesse sentido, de 1995 para a frente não há nada, absolutamente nada para ser comemorado, com exceção de pequenos acordos que ainda não se implementaram. E há o retrocesso no Mercosul, não há a menor dúvida disso. Acho que aqui há consenso sobre esse assunto. Política comercial tem de ter foco e coordenação, e, de dez anos para cá, aconteceu pouca coisa, tanto no governo Fernando Henrique quanto no governo Lula.

A força da abertura

Quais são as nossas opções? Primeiro, precisamos lembrar que o Brasil comercializa pouco, é 1% do comércio mundial; nosso grau de abertura é baixo, representa 25%, 30% do PIB, muito menor que vizinhos nossos e países da Ásia, e o problema é que estamos atrasados no processo de integração. Alguns dados: hoje o Brasil tem sete acordos comerciais com onze países, e esses acordos cobrem 17% do nosso comércio. O Chile fez dezesseis acordos com 52 países, que cobrem 80% do comércio do Chile. O México fez treze acordos com 46 países, que cobrem 88% do comércio do México. E os Estados Unidos fizeram doze acordos com dezoito países, cobrindo 38% do seu comércio. Existe hoje uma corrida por acordos comerciais que envolvem vizinhos nossos, os Estados Unidos, a União Européia – esta anunciou recentemente que agora vai buscar acordos com a Ásia.

Então, para responder objetivamente à pergunta unilateralismo, multilateralismo, regionalismo ou bilateralismo, vamos aos fatos. Unilateralismo de fato ocorre neste país nos anos 1990, quando se abriu a economia de forma unilateral. Não fomos os únicos, fizemos o que o mundo inteiro fez naquela época – todos os países em desenvolvimento abriram suas economias nos anos 1980 e 1990. O último a abrir foi a China, quase seis anos depois de nós. A Índia se abriu e está se abrindo cada vez mais. Os países latino-americanos se abriram. Quem não se abriu ainda hoje? Basicamente Coréia do Norte, pouquíssimos países que eu nem sei nomear. O mundo inteiro se abriu, os países ricos se abriram, lá atrás; os países pobres se abriram agora, as tarifas caíram de forma espetacular e essa é uma das razões para que o comércio tenha crescido tanto nos últimos anos. Mas isso já não ocorre mais, unilateralismo hoje não é prática de ninguém, todo mundo hoje está no mundo mercantilista dos acordos. A pergunta é que tipo de acordo a gente deve buscar, porque acordo hoje tem várias opções. O multilateral é o melhor de todos. Acho que nenhum economista sério vai dizer que é melhor fazer um acordo com o Paquistão ou com o Marrocos, como está na agenda da nossa política comercial, em vez de fazer um acordo com 150 países da OMC. É óbvio que é melhor, mas é complicado. Por quê? Porque existem novas geometrias variáveis, que não são sul-sul ou norte-sul, não têm nada que ver com o fim da era colonial. São geometrias que envolvem interesses – apresentados pelo Guilhon com muita precisão – da Índia com os Estados Unidos, da China, agora da Rússia, do G20, e é complicado. Eu vivo o G20 há três anos como pouca gente o vive nesse país. Fazemos simulações diárias sobre esse assunto, com cinco pesquisadores trabalhando só nisso, o tempo todo. O G20 é um verdadeiro saco de gatos que funcionou perfeitamente bem, foi uma contraposição ao papel defensivo da Europa e dos Estados Unidos em relação a Cancún. Continua de pé, mas são interesses opostos.

Em agricultura não dá para dizer que Brasil, Índia e China terão a mesma posição – somos essencialmente exportadores, temos muito a ganhar com a queda do protecionismo. Nossos grandes mercados futuros são os nossos parceiros do G20. Mas é um bloco que funcionou no que se refere a alguns itens da agenda agrícola e, graças a ele, conseguimos melhorar o nível da negociação. Há contradições internas, mas o G20 vai avançar lentamente. Não vai fechar esse ano, não há condições políticas para isso nem na Europa nem nos Estados Unidos nem na Índia nem na China. Um dia fecha, mas não vai resolver todos os nossos problemas – apenas parte deles. Espero que solucione o problema dos subsídios agrícolas, tema que só se resolve na OMC, não por outra via. Os acordos sub-regionais que foram tão famosos – União Européia foi talvez o primeiro deles, depois Nafta, depois Mercosul, Comunidade Andina de Nações (CAN), etc. – estão indo mal, com raras exceções. A União Européia também tem hoje seus problemas, mas avançou mais que os outros. O próprio México quis aprofundar o Nafta e não conseguiu.

A derrocada dos latinos

A CAN está hoje fragmentada pela saída da Venezuela, que tinha visões diferentes dos demais membros. Talvez o próprio Equador também tenha, agora, outra maneira de ver a comunidade. O Mercosul também está fragmentado. O que está explodindo pelo mundo é o bilateralismo – em todas as direções, sem nenhum respeito à geografia; acabou a geografia. Peguem os últimos acordos, China–Chile, México–Japão, os *hubs* (centrais de distribuição) que estão sendo criados na Ásia. Existe hoje, na Ásia, uma dinâmica fabulosa de acordos comerciais que vão, na verdade, sacramentar o comércio que já existe, ao contrário do que fazem os países latino-americanos, pródigos em fazer *summits* (cúpulas) de presidentes, reuniões para todos os lados para dizer que querem se integrar, são todos amigos, *hermanos*, mas na hora de fechar o acordo, fazer uma coisa simples como o Mercosul caminhar de uma zona de livre comércio para uma união aduaneira, o que está previsto no artigo 1º do Tratado de Assunção, não conseguem, pois não querem abrir mão da soberania.

Somos, na América Latina, politicamente muito pródigos; comercialmente, muito fracos. Na Ásia se dá o contrário. Politicamente os países não se entendem. China e Japão jamais vão se pegar aos abraços, mas o segundo maior *partner* da China é o Japão e vice-versa. As empresas asiáticas estão integradas, e os acordos servirão para fazer o comércio andar, sob a liderança da China, do Japão, da Coréia, com a Associação de Nações do Sudeste Asiático (Asean), com os vários arranjos muito interessantes que estão acontecendo. Se hoje se vê o mundo explodir em acordos bilaterais – mais de trezentos acordos estão sendo feitos na OMC –, não se pode ficar para trás, porque cada acordo feito em que se fica de fora é um imenso prejuízo em forma de desvio de comércio, de investimento e de emprego, tudo junto. Não se conseguirá exportar para os países que fizeram acordo, porque eles criarão preferências, como está acontecendo.

Eu teria hoje uma reunião com o setor de carnes para discutir a entrada de Bulgária e Romênia na União Européia. Vão deixar de ser grandes compradores de carne do Brasil, porque, por força de acordo, terão de comprar carne dos países europeus. Vamos ser desviados, mesmo sendo os melhores do mundo nessa área. Isso está acontecendo, só que vai acontecendo aos poucos e vai pegar os nossos filhos lá na frente, se não fizermos acordos hoje. Esse é o problema da política comercial brasileira. A gente pára, hoje; acha que o mundo está esperando o Brasil – o mundo não está esperando, e a futura geração vai pagar caro porque ficamos de fora. Não podemos parar. Temos de fazer acordos, temos de avaliar o desvio de comércio, investimentos e empregos. O mundo não é formado por amigos e inimigos, é feito de interesses comerciais e precisamos, obviamente, estar presentes e atuantes no cenário.

Rumo ao oeste

Qual é a melhor opção brasileira de acordos: bilaterais ou regionais? É só olhar os números. Não é nem sul-sul nem norte-sul. A melhor opção brasileira é oeste, império ocidental. Onde está o comércio mais sofisticado do Brasil? Para onde exportamos a maior parte das linhas tarifárias? Quem compra o grosso dos produtos brasileiros? América Latina, Estados Unidos e Canadá. Vejam como o comércio com esses países melhorou nos últimos dez anos. Para onde vão os aviões, os celulares e os automóveis brasileiros? Vão principalmente para o hemisfério ocidental. É nessa área que temos de nos concentrar, e concordo com o Guilhon quando ele diz que a nossa visão tem de ser pragmática.

Temos de acompanhar o movimento para o México, para o Chile, para os países importantes, tentando estabelecer com eles acordos efetivamente comerciais. E, evidentemente, com os Estados Unidos.

Saímos de um déficit de 4 bilhões de dólares com os países americanos em 1996 para um superávit de mais de 25 bilhões de dólares no ano passado e, nas três Américas, detivemos 87% do comércio com produtos diferenciados de alta tecnologia. É claro que quem exporta *commodities* gostaria de fazer acordo com a China.

Se eu fosse defender as *commodities*, diria: não é hemisfério ocidental, é China. Só que sei, pragmaticamente, que não existe possibilidade de um acordo comercial Brasil–China, porque a China não vai abrir sua agricultura nem o Brasil abrirá sua indústria. Então, é uma conversa que não vai para a frente. O governo tentou fazer uma relação estratégica avançar para um acordo comercial e teve a oposição da agricultura chinesa e da indústria paulista. Não dá para você fazer China em curto prazo; o que dá para fazer em curto prazo é melhorar, em todos os sentidos, a integração nas Américas, ter uma relação estratégica mais avançada com os Estados Unidos. Estudamos dez itens de cooperação em um seminário sobre Brasil–Estados Unidos e observamos muita coisa que pode ser melhorada nessa relação. O mesmo vale para os países latino-americanos. Se existe um negócio chamado Comunidade Sul-Americana de Nações, precisamos fazê-la aparecer, porque até agora não a vi acontecendo. Preto no branco, eu vejo uma América fragmentada, o grupo Atlântico, o grupo Pacífico e o Brasil, sem saber direito para que lado ir.

Existem, entretanto, eixos com visões muito diferentes do que seja a integração. O que Evo Morales e Hugo Chávez estão vendo como integração é bem diferente do que a Colômbia e o Chile vêem como integração. Há países que querem fazer acordos para se abrir ainda mais, para se integrar ainda mais. Há países que estão em pleno renascimento "cepaliano" (referência à Comissão Econômica para a América Latina – Cepal) de substituição de importações, a começar pela nossa vizinha Argentina. Ela quer substituir importação dentro de um mercado comum. Isso é uma coisa que não existe, não dá para fazer um mercado comum e, de repente, um país falar: não posso importar isso porque a minha indústria está desaparecendo. É a mesma coisa que Minas se revoltar contra São Paulo e dizer que não compra mais camisas nem carros paulistas porque quer ter a sua indústria de camisas e carros. É o que está acontecendo hoje com o Mercosul. Estamos sendo lenientes e, nesse ponto, eu concordo com a Maria Silvia Portella, quando ela diz que temos de olhar o futuro do bloco e não ficar barganhando caso a caso.

Estamos transformando o bloco numa barganha de balcão. Uruguai e Paraguai correm o risco de sair rapidamente; acabo de voltar do Uruguai, que está empolgadíssimo com um acordo com os Estados Unidos que nem existe, ainda. Essa briga das papeleiras é, de fato, um absurdo que se dá com a intermediação do rei da Espanha. Que bloco é esse? Não temos tribunal de solução de controvérsias, não temos tarifa externa comum; cada vez que vamos negociar com um bloco de fora temos de acertar a posição interna de cada um. A posição interna é feita pelo mínimo denominador comum.

Adeus, Alca e Mercosul

Todo mundo fala que a Alca não deu certo porque os americanos não abririam a agricultura. Eu estudei a Alca a fundo, pois trabalhava no Banco Interamericano de Desenvolvimento (BID), nesse assunto. O Brasil se isolou na Alca. Na reunião da Espanha propusemos um negócio chamado Três Trilhos, que criou o G16 ou G14, reunindo todo mundo – os países do Mercosul ficaram isolados na Alca. Se quiséssemos matar a Alca era suficiente pedir coisas que os americanos não poderiam dar. Mas não foi isso o que aconteceu. Esfacelamos a Alca e abrimos a porta para os acordos bilaterais que os americanos fizeram logo na seqüência, em velocidade muito mais rápida e em profundidade. Mesmo na integração agrícola da Alca, a proposta mais avançada que chegou à mesa foi a americana. A segunda melhor foi a dos centro-americanos, a terceira foi a dos andinos, a quarta foi a do Mercosul, a quinta foi a do Caribe. Por que o Mercosul foi a quarta? A Argentina dizia: açúcar não pode entrar porque para mim é sensível. O Paraguai dizia: porco não pode entrar porque para mim é sensível. E assim foi, sucessivamente. Mesmo a proposta agrícola do Mercosul que chegou à mesa, na Alca, foi muito tímida, tanto quanto a que foi levada à União Européia.

E isso ocorre porque temos dificuldade em coordenar uma posição comum, no bloco. Como não há tarifa externa comum, a cada discussão é preciso sentar dois dias antes e discuti-la com quatro setores que têm visões opostas. Então, é extremamente complexo.

Muita gente diz: a Alca não saiu porque os americanos não iam abrir açúcar. Ora, eu trabalho com a indústria açucareira e sei que o Brasil nunca quis abrir o açúcar americano. O que o Brasil quis, e quer hoje, é abrir o mercado de etanol nos Estados Unidos – um assunto maravilhoso, tanto para a Alca quanto para a relação bilateral Brasil–Estados Unidos, que controla, hoje, quase 80% da produção mundial. Existe aí uma possibilidade de cooperação fabulosa, que poderia ser objeto de uma negociação comercial que não foi feita.

A opção mais importante para o Brasil seria o multilateralismo, justamente o lado mais positivo da política comercial dos governos Fernando Henrique 2 e Lula. Fernando Henrique 2, devido aos contenciosos do algodão e do açúcar, que foram absolutamente inovadores; e o governo Lula com a história do G20, uma construção importante, com muito foco e muita coordenação com o setor privado – coisa nunca vista –, que está por trás desse sucesso. É claro que a diplomacia foi muito competente. É claro que Celso Amorim é um grande negociador na OMC, tanto que é assim reconhecido. Mas havia uma coordenação perfeita com o setor privado.

Nas negociações bilaterais e regionais, acho os resultados muito tímidos. Por exemplo, Índia, Brasil, África do Sul; esses acordos novos com Marrocos, com Paquistão, Comunidade do Golfo, e mesmo com os andinos: são acordos cheios de exceções, com listas de desgravações intermináveis, uma equação que não conseguimos fechar. O Mercosul vive uma grave crise regulatória. Há problemas de identidade, não conseguimos chegar a um mercado comum, não conseguimos fazer a tarifa externa comum, não conseguimos ter um mecanismo de solução de controvérsias.

A Argentina quer introduzir mecanismo de substituição de importações intrabloco; Uruguai e Paraguai falam em fazer acordo com os Estados Unidos; a Venezuela ainda é um sócio virtual, e não sabemos ao que vai levar a integração. A agricultura, ouvi dizer, vai levar cerca de quinze anos para se integrar.

A Comunidade Sul-Americana das Nações até agora não funcionou. Apesar de ser uma comunidade política e existir uma idéia política, ela não se concretiza e, dificilmente, vai se concretizar com a divisão ideológica que existe nas Américas. Então, no fim, temos pouca coisa sobre a mesa. Não conseguimos fechar o acordo com os latino-americanos; as relações com os Estados Unidos pararam desde que matamos a Alca.

A cobiçada União Européia

Sobre os europeus, serei muito sincero: um país como o Brasil, maior potencial do mundo em agricultura e agronegócio, fechar acordo com a Europa é extremamente complicado. Quem fechou acordo com a Europa? Podem notar que foram exatamente os países que fizeram acordo com os Estados Unidos. O México fez acordo com os Estados Unidos e, menos de um ano depois, fechou com a União Européia; Chile, a mesma coisa – agora vai acontecer o mesmo com os centro-americanos e com os andinos. O Brasil fechar com a Europa gratuitamente é quase impossível. Vai ser um acordo pífio, porque a Europa não tem condição de nos oferecer o que queremos em agricultura, porque não tem, a não ser que o Brasil abra mão, completamente, de sua agenda ofensiva. Fechar com a Ásia, para quem exporta *commodities*, seria o paraíso. Mas o Brasil não é só um exportador de *commodities* e não acho que deva fazer um acordo por causa das *commodities*. Há algum tempo achávamos que nossa maior ameaça era a Alca, pois o desvio de comércio com os Estados Unidos provocaria a perda de empregos. Hoje vejo, da parte da indústria, muito mais simpatia para com a Alca, porque é para onde estamos exportando as coisas mais sofisticadas que temos, e um temor enorme em relação à China, porque hoje ela é o nosso grande concorrente.

Imaginar que a aproximação com a China e com a Índia resultará na formação de bloco comercial é desconhecer a realidade.

Não há essa possibilidade, nem a China nos oferecerá algo em agricultura. Não se esqueçam de que a China ainda tem 65% de sua população na área rural, 800 milhões de chineses vivendo no campo e 500 milhões em zonas urbanas. Os chineses que vivem no campo recebem 2.400 yuans por ano, os que vivem em cidades recebem quase 10 mil yuans por ano. A China não vai abrir mão dessa enorme população rural, pois, se houver uma abertura mais forte, ela migrará para a área urbana, incrementará os problemas das cidades, promoverá a favelização – tudo isso que a gente conhece aqui no Brasil. Então, uma integração com a China será pela via multilateral. Pela via bilateral, a solução mais rápida e factível seria a integração das Américas.

O enigma, com a morte da velha liderança

Rubens Ricupero

Entendam minhas colocações apenas como um breve comentário a respeito de como vejo o panorama internacional nesse momento e, à luz dessa realidade, o que acredito poder esperar em termos de espaço para novas iniciativas. A primeira característica que se deve registrar é que quase todo o mundo ocidental está, hoje, em um processo pouco freqüente de coincidência da saída do cenário político de líderes que até agora governaram os principais países e, portanto, de uma grande incerteza sobre o que virá como orientação de governo nesses países. É muito raro que mais ou menos ao mesmo tempo os Estados Unidos, o Reino Unido e a França mudem a condução de sua política, mudanças que vão além de personalidades e, em certos casos, mudanças de geração ou de partidos que até agora dominavam a cena. Na verdade, essas mudanças não se restringem a esses três países. No Ocidente assistimos a essa transformação primeiro na Espanha, com a saída de cena do Partido Popular do primeiro-ministro José María Aznar, a vitória socialista. Em seguida a derrota do chanceler Gerhard Schroeder na Alemanha e a sua substituição por uma liderança que não parece ainda inteiramente consolidada. Houve, na Itália, a derrota de Silvio Berlusconi e a subida de Romano Prodi ao poder. Recentemente, no Japão, o primeiro-ministro Junichiro Koizumi retirou-se também de cena, sendo substituído. Houve a morte do papa, que era um grande ator da política global, e até mesmo figuras que pareciam eternas, como Fidel Castro, aparentemente estão deixando a cena. Esse panorama se completa nos Estados Unidos com a derrota dos republicanos nas eleições para o Congresso, a conquista da hegemonia – tanto na Câmara como no Senado – pelo Partido Democrata e a abertura, já quase que antecipada, da eleição presidencial. Portanto, isso indica claramente que nos próximos dois anos não se pode imaginar que o governo americano tome qualquer medida muito importante, de novo caráter.

Os americanos mal terão tempo para tentar administrar o desastre que criaram no Iraque e no Oriente Médio – sua prioridade absoluta, hoje, é tentar encontrar uma saída desses desastres que seja a menos catastrófica possível. Portanto, há uma grande paralisia. É muito difícil imaginar o que vai acontecer nas eleições, quem será eleito e que tipo de política vai adotar. Obviamente, as considerações comerciais ou econômicas não são hoje importantes na agenda americana. Outro aspecto que também é preciso levar em conta nessa descrição do mundo atual é que, desde que os Estados Unidos sofreram os ataques de 11 de setembro – que o professor Guilhon muito bem salientou em seu trabalho –, a prioridade americana absoluta passou a ser a segurança. Ao contrário do presidente Bill Clinton, o atual governo nunca falou em globalização. É um governo que não se interessa por esse discurso, é um governo que, na economia, é fundamentalmente nacionalista. A saída de cena do presidente Clinton e o enfraquecimento do primeiro-ministro Tony Blair debilitaram muito os dois grandes líderes que impulsionavam a chamada “agenda da globalização”. Essa agenda praticamente ficou órfã. Não porque tenha havido um retrocesso no domínio dos fatos; no domínio, por exemplo, da integração financeira, dos investimentos ou do comércio; mas a agenda internacional dos acordos, das novas propostas, praticamente desapareceu, esgotou-se. Há, portanto, nos

Estados Unidos, enorme incerteza quanto ao futuro, e o que se observa é que os problemas que continuarão a dominar a agenda americana são político-estratégicos, segurança, não-proliferação, Oriente Médio. Isso significa o quê? Fortalecimento do Estado em detrimento do mercado. Tanto assim que, apesar de os Estados Unidos suportarem, hoje, dois déficits muito grandes – o externo, colossal, e o do orçamento, preocupante –, esse tema é, praticamente, ausente do debate. Esse é um tema que quase não freqüentou as eleições. Quando se pedem recursos ao Congresso para a guerra no Iraque, eles são aprovados de maneira quase automática, porque ocorre, nos Estados Unidos, aquilo que é muito conhecido em período de guerra em qualquer país. Quando há guerra, quando está em jogo a sobrevivência, o que conta é o aspecto político e estratégico. Como dizia Napoleão, a intendência segue, a economia passa a ter muito menos importância. Todos os grandes países saíram das duas últimas Guerras Mundiais com dívidas colossais, com déficits colossais porque, no momento em que se luta pela sobrevivência, esses aspectos passam a ter muito pouca importância. Então, hoje, há muito pouca ênfase nesses problemas, e o presidente George W. Bush, quanto a esse aspecto, vai deixar ao seu sucessor uma herança maldita. Ele herdou de Clinton um país sem déficits, um país com uma grande prosperidade, sem nenhum engajamento em guerra externa, e deixa ao sucessor dois déficits muito graves e duas guerras das quais vai ser difícil sair. Todos falam no Iraque, mas o Afeganistão também vai mal e não se sabe muito bem qual vai ser seu futuro. O Oriente Médio está seguramente pior do que estava. Nunca esteve bem, mas hoje está pior – tanto é assim que não se pode falar em uma crise do Oriente Médio. Há um cacho de crises. Há o problema do Iraque, uma coisa gravíssima, a cada dia banhos de sangue maiores, quase uma guerra civil. Há a questão do Irã e suas implicações na proliferação nuclear. Há o problema da Síria. Há o Líbano, em situação muito grave, de dissolução do governo, com tensões internas muito complicadas. E, coroando tudo isso, o problema central, que sempre foi o mais grave de todos, entre Israel e os palestinos. Então é um cacho de problemas para os quais não se encontra, facilmente, saída.

O fim da supremacia

Foi nessa aventura que naufragou o desejo americano de supremacia, conceito que hoje ninguém leva a sério, até mesmo porque os Estados Unidos estão sendo obrigados a convocar e mandar para o Iraque senhoras de 40 anos, que são da reserva, porque não têm nem mais capacidade de ampliar o seu engajamento, pois, desde a Guerra do Vietnã, aboliu-se nos Estados Unidos o recrutamento obrigatório. Os senhores sabem que todas as Forças Armadas americanas são formadas por voluntários, por voluntários que se engajam por períodos limitados. Portanto, a margem de manobra que os Estados Unidos têm diante desses problemas colossais é muito pequena. À luz desses fatos é fácil imaginar que haverá muito pouco apetite nos Estados Unidos para grandes desígnios, grandes iniciativas de integração e grandes acordos.

E, olhando para a Inglaterra e para a França, o panorama não é muito diferente. Na Inglaterra o primeiro-ministro Blair já está de saída. Seus próprios partidários gostariam que ele saísse o quanto antes, porque, quanto mais tempo ele ficar, mais complicada será a perspectiva de os trabalhistas continuarem no poder em futuras eleições. Na França haverá eleições daqui a seis meses, e ganhe quem ganhar, haverá uma mudança de geração – sai de cena o último remanescente daqueles que chegaram ao poder com o general De Gaulle e, mais tarde, com François Mitterrand. É uma renovação praticamente completa da cena política.

Ora, qual é a conclusão que podemos tirar desse quadro? Obviamente, a de que este não é o momento propício para pensar em grandes construções. Não é por acaso que a construção da União Européia está mais ou menos em xeque. Ela continua a se ampliar horizontalmente, porque sua ampliação já estava prevista, com a entrada da Romênia e da Bulgária. Isso vai continuar, ainda há vários outros candidatos, mas o processo não se aprofunda. As recentes eleições nos Países Baixos, que provocaram um impasse enorme na formação do novo governo holandês, confirmaram os sinais mais mórbidos da política européia, isto é, o temor crescente da imigração, o temor crescente do aumento da participação muçulmana, de imigrantes africanos e de outros países e a atitude basicamente hostil à Constituição européia. A Constituição européia, desde que derrotada nos referendos na Holanda e na França, ficou mais ou menos em banho-maria, esperando que alguma coisa acontecesse que permitisse retomá-la, mas não há indícios nesse sentido.

Sem grandes acordos

Então esse é um panorama que não permite pensar em grandes construções – nem na construção européia nem no lançamento de grandes acordos. Não é à toa – e não é sem uma ligação de causa e efeito – que estamos assistindo, há algum tempo, à perda de fôlego das negociações econômicas e comerciais, um fenômeno até curioso porque é quase um paradoxo, pois vivemos o quarto ano de crescimento muito acelerado da economia. Em 2004 e 2005 tivemos anos magníficos; este ano [2006], um pouco menos, mas não muito. Tivemos também uma expansão contínua do comércio, que em 2004 foi espetacular. Um terceiro fator é o preço dos produtos: tem havido, em geral, uma melhoria dos preços de muitos produtos primários e, também, de industrializados. Esses três fatores sempre compareceram nos cursos sobre comércio exterior como sendo as três condições propícias para as negociações comerciais. Costumava-se dizer que o que favorece a conclusão, com êxito, das negociações, é a conjugação do crescimento da economia mundial, a expansão do comércio e a melhoria dos preços das mercadorias pela simples razão de que, nessas condições, todos têm algo a ganhar e é mais fácil fazer concessões. Apesar disso as negociações não andam; nem as da OMC conseguiram chegar a um resultado nem as da Alca. Vemos problemas internos no Mercosul e no Grupo Andino, na negociação com a União Européia. Aliás, não sou tão otimista como o Marcos Jank. Tenho dito isso a ele porque costuma acreditar mais nos acordos bilaterais do que me parece que a realidade permite.

É verdade que eles se multiplicam – hoje são várias centenas –, mas, olhando de perto, os operacionais são muito poucos. Desses operacionais, boa parte são rasos, são acordos que não abrangeram grande número de produtos. Os acordos mais ambiciosos ficaram, em grande parte, pelo caminho. Os americanos, por exemplo, tentaram fazer acordos com vários países asiáticos, mas quase todas essas negociações estão paralisadas, tanto com a Coréia do Sul como com a Tailândia, por razões que apareceriam, inevitavelmente, em uma negociação com o Brasil – a propriedade intelectual. As posturas americanas, extremamente duras em relação a isso, praticamente inviabilizariam o programa brasileiro de genéricos e a política brasileira de combate à aids. Isso é uma coisa que não se diz, e seria ideal se fosse diferente, se os americanos não insistissem nisso. Que não insistissem, por exemplo, em matéria de serviços, permitindo que os grandes grupos financeiros ou de corretores pudessem prestar serviços sem presença comercial, a distância, no Brasil, o que provocaria, sem dúvida nenhuma, abalos muito grandes à organização do sistema financeiro brasileiro.

Portanto, há dificuldades muito grandes. Não se chega a acordos não só porque não queremos, mas porque as posições americanas são muito difíceis nessas áreas. Até hoje não vi nenhum indício, nem remoto, de que os americanos estejam dispostos a abrandar a postura adotada desde os anos 1980, quando se tornaram uma espécie de linha de defesa das patentes da sua indústria farmacêutica. Hoje esse é um setor fundamental em qualquer negociação com os americanos. Países como o Brasil, que têm uma política de saúde que busca baratear o preço dos remédios com a fabricação dos genéricos e diminuir os preços dos medicamentos no combate à aids, não conseguem chegar a um acordo com eles. Isso não é fantasia; infelizmente é a realidade. Fui embaixador nos Estados Unidos e nada me daria mais alegria do que assinar um acordo, o mais amplo possível, com os americanos. Mas sei que eles são negociadores muito difíceis, não só duros, mas, em muitos pontos, não razoáveis. No caso de propriedade intelectual, não tenho a menor dúvida. No caso das concessões para que grupos financeiros possam operar a distância, sem presença comercial, longe, portanto, da fiscalização das autoridades brasileiras, também não há diálogo. Os países que assinaram acordos com os Estados Unidos recentemente – o Peru e a Colômbia, inclusive – aceitaram isso tudo e até mesmo vínculos com políticas trabalhistas e ambientais. Nem por isso estão em posição confortável. O novo Congresso democrata quer reabrir os acordos, considerando que as condições obtidas pelo governo republicano foram muito brandas. Portanto, que não haja ilusões. Não é apenas questão de vontade; as concessões exigidas são muito difíceis de atender e enfrentariam, certamente, resistências políticas gravíssimas no Brasil. O Brasil até hoje não aprovou no Congresso, não conseguiu nem tirar da comissão de relações exteriores da Câmara nenhum acordo bilateral de investimentos. Ora, esses acordos bilaterais de investimentos, que são contestados pela

Câmara dos Deputados, são brincadeira de criança comparados ao que os americanos querem; são todos eles acordos de uma geração antiga. O que os americanos desejam, hoje, é muito ambicioso, e viabilizar isso politicamente no Brasil não é fácil. Uma coisa é o que é desejável, outra coisa é o que é factível, em relação a essas questões.

O novo Congresso americano

Além do mais, acredito que será muito difícil viabilizar essas negociações diante da incerteza que existe quanto à orientação do futuro Congresso americano. E termino justamente com essa consideração. Recentemente estive em Paris e participei de um debate com o Pascal Lamy durante a reunião da Semaine Sociale de France, a maior organização católica francesa dedicada a temas de desenvolvimento e de doutrina social. Ela é presidida hoje pelo Michel Camdessus, e ele convidou o Pascal Lamy e a mim para debatermos essa questão dos acordos comerciais. Tive oportunidade, assim, de conversar longamente com o Lamy, que conheço há muito tempo. Depois almoçamos juntos e lhe perguntei como via as perspectivas tanto da Rodada Doha como dos demais acordos que estão sendo pretendidos. Ele me disse que havia estado recentemente nos Estados Unidos, buscando, justamente, contato com os novos congressistas, mas voltou sem ter uma indicação clara do que vai acontecer. Embora seja verdade que as eleições derrotaram muitos dos congressistas que defendiam posturas mais liberais no comércio, esse novo Congresso toma posse no ano que vem [2007], e o Partido Democrata não tem uma diretriz muito definida nesse momento. O partido também está totalmente absorvido na definição de quem será sua candidata ou candidato à presidência. Obviamente, nesse momento é muito difícil definir questões como essas, que dividem muito o Partido Democrata por causa da base sindical que ele tem. Então Lamy voltou praticamente como tinha ido, sem nenhuma visão mais clara. Quando digo isso, não estou afirmando que as coisas vão piorar, necessariamente. A mim ele disse que sua última esperança em relação à Rodada é a de que, no ano que vem, haja um acordo político. Um acordo político, segundo ele mesmo esclarece, não será propriamente o final da Rodada. Seria um acordo que permitisse desbloquear as negociações, persuadindo o Congresso americano a autorizar sua continuação. Ele me disse que, infelizmente, não tem condições nesse momento de imaginar se isso vai ocorrer ou não, devido às incertezas que existem tanto nos Estados Unidos como na França em relação às eleições. Portanto, o panorama é incerto. Será um momento político difícil, muito delicado, que não permitirá muita clareza em relação aos fatos. Quero lembrar que, para os americanos negociarem, o Congresso precisa sempre autorizar, até mesmo quando se trata de negociações bilaterais. Quando a Trade Promotion Authority expirar, expirarão todas as autorizações já concedidas, porque englobou todos os tratados, inclusive as negociações regionais e bilaterais. Aí será necessário obter novamente uma autorização do Congresso que englobe todas as negociações ou, se isso não for possível, autorizações pontuais, sempre muito difíceis.

Assisti de perto, quando era embaixador em Washington, quando o Chile tentou, logo depois do Nafta, negociar seu acordo de livre comércio. Estive presente na assinatura do Nafta e testemunhei quando o Chile tentou em 1992, 1993, ser o primeiro a negociar e não conseguiu. Esse país foi obrigado a esperar muitos e muitos anos simplesmente para poder começar a negociar. Portanto, negociar com os americanos não é assim tão fácil como se pensa, e as atuais regras do Congresso dos Estados Unidos são muito restritivas em relação às autorizações e negociações bilaterais.

Quando se debatem, como se debaterão aqui, essas perspectivas para o Brasil, é preciso levar em conta esses parâmetros: o Brasil não se move no vácuo, o Brasil vai se mover nesse mundo, onde tem procurado atingir, entre outros, três grandes objetivos: um lugar permanente no Conselho de Segurança da ONU; a conclusão, com êxito, das negociações na OMC, sobretudo na agricultura; e a construção de um espaço econômico comercial na América do Sul, começando pela infra-estrutura, mas com a intenção de obter a integração econômica e comercial a partir do Mercosul. Em curto prazo nenhum desses objetivos parece factível. São, evidentemente, desejáveis, mas não dependem de nós, e sim de muitos outros fatores. Por exemplo, a reforma do Conselho de Segurança da ONU foi o grande tema de 2005. Mas esse momento importante passou. Pode ser que o tema volte ao debate, no futuro, mas, no momento, é pouco provável que o Conselho de Segurança seja reformado porque não há consenso sobre como isso deverá ser feito. Na América do Sul estamos observando, como bem expuseram os nossos palestrantes, as diversas tendências entre países como a Venezuela e a Argentina, de um lado, a Colômbia, o Peru e o Chile, de outro. Considerando a provável continuação dessa incerteza por alguns anos, essa é a realidade na qual a política externa brasileira vai ter de se mover.

PARTE V

Conclusões e propostas da Fecomercio

Nexo comércio–investimento–tecnologia

1. Promover políticas que fomentem a inovação e a diferenciação de produtos por parte das empresas brasileiras.

Não há ainda garantia de continuidade e sustentabilidade do crescimento da economia brasileira, na ausência de um salto de qualidade na produção. Temos perfil para reagir. No caso do Brasil, 25% das exportações são de empresas cuja estratégia é inovar e diferenciar produtos, enquanto na Argentina esse percentual é de apenas 9%, e assim também no México e no Chile. Ou seja, um quarto de nossas exportações não depende primordialmente de preço e sim de inovação e diferenciação. Isso explica por que permanecemos competitivos em produtos manufaturados, apesar do aumento significativo do câmbio. Políticas que fomentem a inovação e a diferenciação das empresas são, portanto, cruciais.

2. Criar um programa de financiamento para P&D para empresas nacionais que vá além dos mecanismos existentes, por exemplo, no FINEP e no BNDES.

Um total de 31% das empresas brasileiras é inovador, enquanto na Europa, por exemplo, esse número chega a 50% ou 60%. O investimento em pesquisa e desenvolvimento sobre o faturamento de empresas brasileiras é de 0,6%, enquanto na França é de 2,5%, e de 2,7% na Alemanha. Apenas 19% dos 31% de empresas brasileiras inovadoras utilizam apoio governamental para lograr fazer inovações. Um programa de financiamento a P&D para as empresas nacionais deve ser criado, para ampliar de forma significativa os mecanismos do FINEP, BNDES, etc. – priorizando aquelas 5 mil empresas que já têm P&D.

3. Promover reformas do lado da oferta, e não apenas políticas distributivistas, que contribuam para um ambiente que reduza o custo do capital.

Analisando 35 anos de política monetária no Brasil, a demanda reage sempre mais velozmente aos incentivos advindos da queda de taxas de juros. E isso significa um desequilíbrio permanente. Todas as reformas de que o Brasil precisa para alterar isso estão do lado da oferta e necessitam de uma grande determinação do ponto de vista do ajuste fiscal, para liberar recursos, reduzir carga tributária, melhorar a infra-estrutura e assim liberar recursos para investimentos em P&D e em inovação tecnológica.

4. Identificar países e mercados dinâmicos em determinados setores.

O comércio exterior contribui o máximo possível quando feito com mercados dinâmicos que geram inovações por meio de investimentos em P&D e transferem para mercados parceiros efeitos que vão além de uma concorrência e uma *accountability* maiores no mercado nacional. Acordos internacionais de comércio deveriam ser negociados levando essa realidade em consideração.

5. Ancorar o desenvolvimento de sistemas setoriais em grandes empresas com base num paradigma tecnológico de escala.

A criação de sistemas setoriais deve estar ancorada em grandes empresas – por exemplo, a Petrobras e a Petroquímica Brasileira em gás e petróleo. A inovação cooperada entre pequenas empresas é difícil de realizar em virtude da necessidade de lograr combinar a iniciativa local, estadual e federal; porém, há casos de *cluster* locais competitivos em atividades tecnológicas. O etanol é sem dúvida um caso promissor que deve ser dotado de um paradigma tecnológico de escala, de logística, que possa fazê-lo funcionar como uma indústria global. Em tecnologia da informação devemos começar de novo com base nas novas realidades das cadeias produtivas mundiais.

6. Elaborar um *mix* de incentivos não apenas fiscais para P&D, cuja implementação deve ser setorial, de acordo com a dinâmica tecnológica em cada caso.

Os países combinam um conjunto de políticas de incentivos fiscais, mecanismos de financiamento com diversas modalidades, mais mercado ou menos mercado. Combinam suporte à formação de pessoal técnico e científico, incubadoras, vários conjuntos de política. Então, a questão não é só fiscal, pois o fiscal é limitado. Os problemas em cada cadeia são muito específicos, e é necessário fazer uma política sintonizada usando esse *mix* de instrumentos de maneira adequada a cada cadeia. Na maioria dos casos, não são necessários incentivos fiscais pesados a P&D, mas em vários deles existem outros tipos de dificuldade. Incentivos necessariamente devem ser verticais – setoriais – porque, caso contrário, "financiam-se os perdedores". A implementação de uma estratégia competitiva deve ser setorial porque cada setor tem uma dinâmica tecnológica distinta.

7. Priorizar as empresas nacionais (empresas cuja base principal é o mercado nacional, contrariamente às transnacionais) na concessão de incentivos para P&D.

Os grandes incentivos devem visar às empresas nacionais, únicas que efetivamente estarão em condições de investir em

P&D no país. Apesar de as empresas nacionais investirem pouco, elas tendem a investir mais do que as transnacionais, que continuam pesquisando e desenvolvendo em grande medida nas matrizes. Cabe também um esforço adicional para estimular empresas estrangeiras a melhorar a intensidade de suas atividades tecnológicas no país.

8. Analisar a atuação de firmas estrangeiras no território nacional a fim de precisar seus limites e potencialidades na internacionalização do país.

A presença de empresas brasileiras no mercado internacional tem muito que ver com a atuação de firmas estrangeiras no mercado nacional. Empresas multinacionais necessariamente se tornaram competitivas nacional e internacionalmente, e freqüentemente em virtude do maior conteúdo tecnológico de seus produtos.

9. Buscar uma agenda que estimule a proatividade do Estado e que não "espere" pelo equilíbrio fiscal e pelas reformas, que deverão ser perseguidos em paralelo.

São fundamentais as reformas: conter o crescimento dos gastos correntes, enfrentar a questão trabalhista, previdenciária, melhorar a regulação, aumentar investimentos. Isso é pressuposto da discussão sobre política tecnológica e competitividade. No entanto, é falsa a idéia de que o crescimento se faz apenas com equilíbrio fiscal, que basta apenas o Estado tirar a mão de tudo para que se produza o desenvolvimento. O Estado precisa ser atuante em temas como P&D e inovação tecnológica, e não apenas esperar o ajuste fiscal e as reformas. O mercado pode ser um excelente instrumento de eficiência produtiva, ao manter a liberdade individual. Mas o mercado é, na verdade, um processo competitivo feroz. No mercado um pisa na cabeça do outro. É por isso que ele funciona, mas é incapaz de produzir aquele mínimo de igualdade de que toda sociedade precisa.

A nova geopolítica brasileira

1. Promover a análise do contexto internacional e suas implicações para o Brasil a partir da interação das redes legais, paralegais e ilegais.

A maioria dos analistas das relações internacionais provavelmente concordará com a afirmação de que o aprofundamento da interdependência no plano global está entre os principais processos sociais no mundo contemporâneo. Não se trata apenas da estruturação de complexas redes de transações econômicas, comerciais e financeiras, por meio das quais fluem idéias, riquezas, informações, bens e serviços, articulando interesses predefinidos e condicionando o emprego das energias produtivas de indivíduos e organizações públicas e privadas.

2. A política externa, aí incluída a política de comércio exterior, deve ser dotada de uma visão de longo prazo e evitar "imediatismos".

O Brasil depende, para sua inserção internacional, do uso da racionalidade, da sua capacidade de olhar décadas à frente. Para isso não precisamos ser chineses nem pensar a situação de Taipé ou de Taiwan cem anos adiante, mas seguramente pensar a situação de nosso entorno, pelo menos vinte anos à frente, prazo para o petróleo ainda ter peso fundamental na matriz energética do país.

3. Promover uma efetiva "reintegração" das Forças Armadas no debate democrático nacional no tocante a aspectos conceituais e estratégicos de sua atuação.

O sucateamento das Forças Armadas data dos governos militares. Desde então os recursos a elas destinados passaram a cair em relação ao PIB nacional. Paralelamente à parte operacional, do sucateamento de equipamentos, do escasso investimento na formação de recursos humanos, as Forças Armadas se ressentem do ostracismo a que foram relegadas no processo de redemocratização do país. Progressos foram alcançados, porém há três áreas de especial interesse para um debate mais aprofundado na área de defesa e segurança: a multifuncionalidade das forças de defesa e segurança, a soberania do Estado sobre todo o território nacional e a preempção de nossas ameaças externas.

4. Refletir na política externa o compromisso brasileiro com a defesa da democracia liberal e do mercado.

A adesão do Brasil à cláusula democrática deve estar presente em sua política externa. Assim, não é suficiente ter eleições plebiscitárias em que a oposição é coagida – como foi o caso na Venezuela. O Brasil deve privilegiar parcerias com países que praticam efetivamente a democracia liberal, uma democracia em que as instituições estejam protegidas e façam o jogo de contrapesos e contrapressões ao poder do Executivo. A Constituição brasileira é claramente a favor da democracia e do mercado, e isso deve ser refletido amplamente em nossa política externa.

5. Redefinir as prioridades, os pesos e as medidas, para o Mercosul e para a América do Sul.

Um processo de consultas deveria ser engajado com a sociedade civil e o empresariado para definir as reais prioridades do país nesse contexto. A integração do Mercosul e da América do Sul não pode ser conduzida a partir de posições meramente políticas. Há um descompasso significativo entre a retórica sobre a suposta prioridade do processo integracionista sub-regional e a escassez de ações concretas que viabilizem esse processo. Se, por um lado, há uma permissividade excessiva por parte do Brasil em relação a temas políticos tais como o ingresso da Venezuela no Mercosul, por outro, há uma falta de clareza na orientação econômica da região e uma correspondente inexistência de agendas proativas que efetivamente avancem o processo de integração econômica.

6. Avaliar a relação custo-benefício do aprofundamento da integração do Mercosul. A integração não deve acontecer a qualquer custo.

A relação com a Argentina é de alta prioridade, porém não deve prejudicar as relações com os sócios menores do Mercosul: o Uruguai e o Paraguai. O governo Lula privilegiou o eixo Brasília–Buenos Aires em detrimento do natural enfoque quadripartite nas relações intra-Mercosul. A tendência foi ceder a teses e posicionamentos argentinos num contexto de muito pouca, senão escassa, consulta ao setor empresarial e à "sociedade". Isso se deu em relação tanto às questões internas do Mercosul como às questões externas, entre as quais a que mais se destacou foi a entrada da Venezuela no bloco. Essa forma de agir politicamente, aliada à falta de uma agenda proativa e concreta na área econômica, incitou tanto o Uruguai como o Paraguai a buscar alternativas a sua inserção internacional que não passem necessariamente pelo Mercosul.

7. Discutir um conceito mais flexível de nossas fronteiras na América do Sul para não sermos surpreendidos, como temos sido, pelo intercâmbio no tráfico de armas e de drogas, sobretudo na região amazônica.

As dimensões interna e externa da atuação internacional de um país em grande medida já se desfizeram. Na verdade, é difícil saber onde termina a política doméstica e começa a política internacional, ou até que ponto eventos no nosso entorno ou no restante do mundo têm efeito direto sobre o dia-a-dia das nossas sociedades. Para o Brasil, esse é um conceito de fundamental importância porque o país é um dos poucos do mundo, a exemplo da China, que têm fronteiras múltiplas. É preciso assim enfrentar as ameaças antes que elas se revelem e se expressem dentro do território nacional.

8. Focar agendas internacionais em temas "horizontais", como o energético ou o da infra-estrutura, que possam contribuir de forma significativa para a integração.

O objetivo de alcançar o livre comércio com parceiros importantes não deve impedir que temas estratégicos como o energético e o de infra-estrutura avancem nas relações internacionais do país. Esse tipo de ênfase pode contribuir em muito para o adensamento das agendas de negociação, além de tratar mais diretamente de temas "do momento" nas realidades dos países envolvidos. Esse é o caso da Comunidade Sul-Americana das Nações, em que o governo Lula tem dado prioridade a tais temas como linhas mestras de um processo de integração ancorado na cooperação em temas estratégicos. Ainda assim, esforços de cooperação devem ser balizados pela atitude de países parceiros. A integração não deve ser feita a qualquer custo.

9. Reagir de forma mais contundente quando os interesses primordiais do país são afetados de forma adversa e legitimamente contestável.

Apesar da sensibilidade do tema e da importância das relações do Brasil com seus vizinhos, episódios como o da expropriação da

Petrobras por parte do governo boliviano devem ser tratados de forma mais enérgica e clara. Diversos recursos diplomáticos, financeiros e de persuasão deixaram de ser utilizados no episódio da Petrobras em favor de uma suposta tolerância de algo que nenhum país soberano deve aceitar por princípio. O episódio contrariou assim a tradição de firmeza de nossa política externa, permitindo ademais uma imagem equivocada do sistema de valores que regem o país e sua atuação internacional.

A reestruturação do trabalho no mundo

O tema da reestruturação do trabalho no Brasil foi objeto de discussão, reflexão e propostas no programa "Simplificando o Brasil", em seu capítulo dedicado à simplificação da legislação trabalhista e sindical. Algumas propostas, como a da criação de um "Simples trabalhista", figuraram na discussão sobre o tema da reestruturação do trabalho no mundo e suas implicações para o Brasil. Elas não estão no rol de propostas que se apresenta adiante, para evitar repetições. As propostas aqui explicitadas se referem mais diretamente à vertente internacional do debate sobre o trabalho.

1. Universalizar o ensino secundário e valorizar políticas educacionais destinadas manter os jovens de 16 a 18 anos dedicados ao estudo.

Programas voltados para a redução da entrada prematura no mercado de trabalho seriam altamente benéficos no médio prazo. Isso depende tanto de políticas públicas adequadas quanto do próprio comportamento do mercado de trabalho. Enquanto houver altas taxa de desemprego, o comportamento dos jovens dependerá fortemente da sinalização das políticas públicas de educação. Se os governos implantarem políticas fortes de valorização do ensino, os jovens tenderão a adiar sua entrada no mercado de trabalho, o que, por sua vez, levará à redução do desemprego, com a redução da população economicamente ativa, e à formação de trabalhadores mais qualificados do ponto de vista moderno da qualificação, isto é, jovens cultos e capazes de se adaptar ao dinamismo dos mercados.

2. Promover as responsabilidades "solidária" e "subsidiária", que criam uma hierarquia de responsabilidades entre contratantes e contratadas com respeito à legislação do trabalho.

Os processos de terceirização e outras práticas contratuais têm tornado tênue a distinção entre empregado, autônomo e, até mesmo, empresário. Uma migração expressiva de trabalhadores da "condição salarial" para a condição de "autônomo", "terceirizado", "cooperado" ou qualquer outra condição que exclua a tutela do direito do trabalho terá como conseqüências a redução de verbas públicas captadas por meio da relação de emprego (e, portanto, com impactos no curto prazo) e a necessidade de que o sistema de proteção social deixe de se basear na condição de emprego – com impactos, então, de longo prazo.

3. Reduzir a informalidade via sistemas de incentivo da transição da informalidade à formalidade.

O problema do modelo brasileiro de garantias trabalhistas e sociais não está no suposto desestímulo à competitividade das empresas, mas na exclusão, induzida pelo modelo, da grande parcela de trabalhadores (e de empresas) que atuam no mercado informal. Políticas nesse sentido seriam essenciais para o sucesso das pequenas empresas, para os arranjos produtivos locais (APLs), para a geração de empregos mais estáveis e menos precários e para o atendimento das necessidades sociais dos trabalhadores de baixa renda. O tema "custos do trabalho" é mais relevante para a avaliação do modelo de proteção social no Brasil, de sua forma de financiamento e de sua incapacidade de reduzir a informalidade, do que a discussão da competitividade das empresas no mercado internacional.

4. Avaliar as conseqüências de uma redução de nossas relações de trabalho aos mais baixos padrões internacionais.

Alguns criticam o financiamento do Sistema S, por exemplo, via folha salarial. As críticas são inconsistentes. Primeiro, porque não levam em conta o reconhecimento – nacional e internacional – do Sistema S como paradigma de eficiência e qualidade em todas as áreas de sua atuação. Segundo, porque os críticos também não levam em conta o problema empresarial, extremamente importante, da escassez de mão-de-obra qualificada, bem formada, especializada, treinada ou reciclada. E, terceiro, porque, se há impropriedades no financiamento de instituições que funcionam, o remédio não pode ser extingui-las, mas sim corrigir as impropriedades, ou criar novos mecanismos de financiamento.

5. Avaliar quais seriam as novas relações laborais, as obrigações, os direitos e outras regulações que seriam exigidas na sociedade pós-industrial.

O trabalho na sociedade pós-industrial, intelectualizado e imaterial, não se desliga do trabalhador. Esse cenário exige outras relações laborais, outras obrigações, outros direitos e outra regulação. Os países que não tiverem capacidade de perceber isso ficarão para trás. No caso do Brasil, não se deve mais perder a oportunidade de dar um salto à frente, sobretudo porque desta vez o país tem condições de participar do momento de viragem.

Os instrumentos da inserção internacional do Brasil

1. Pautar a atuação externa do país nas condições elementares para essa atuação e não em alinhamentos ideológicos e unilaterais.

O Brasil não dispõe de "excedente de poder", tampouco de excedente de riqueza. Assim, dispõe de recursos ainda limitados que devem balizar sua atuação na área internacional a fim de evitar a criação de falsas expectativas por parte de outros países. A busca obsessiva de um assento no Conselho de Segurança da ONU, por exemplo, tem se dado de forma voluntarista e demonstra uma desconsideração para com o contexto internacional na formulação dos objetivos, na escolha dos meios e na execução das ações de política externa. A política externa deve ser orientada por condições elementares como as limitações sistêmicas, os desafios externos, os recursos de poder, a capacidade de mobilização de recursos e de sua projeção externa.

2. Rever posições tomadas na esfera dos chamados "temas universais" (democracia, direitos humanos, meio ambiente) com base em interesses nacionais e não em supostas parcerias estratégicas com determinados países.

O Brasil tem pouco a temer com relação à intrusão de regimes de proteção à democracia ou aos direitos humanos e não deveria, portanto, ter posições defensivas em relação a esses temas. No entanto, o governo Lula tem emprestado legitimidade a políticas de desrespeito sistemático aos direitos e valores globais adotadas por terceiros países em nome de uma suposta parceria estratégica que, visivelmente, não tem resultado em níveis aceitáveis de reciprocidade e apoio a posicionamentos brasileiros. A China diz-se parceiro estratégico, porém embarga a soja brasileira duas semanas depois da visita do presidente Lula a Pequim; ademais, claramente se opõe a reformas do Conselho de Segurança da ONU que impliquem a entrada do Brasil como membro permanente.

3. Evitar ambigüidades em relação à ordem internacional vigente.

Tanto em temas políticos como em temas econômicos, o Brasil deve ter uma posição firme de apoio à ordem internacional vigente – sem, é claro, que isso implique uma aceitação irrestrita e sem críticas ou diferenças de posicionamento. Em temas políticos, como o Tratado de Não-Proliferação (TNP) ou o repúdio ao terrorismo, o país deve ser claro e não hesitar. Declarações ambíguas sobre as Forças Armadas Revolucionárias da Colômbia (Farc) ou sobre a Coréia do Norte no contexto do direito de denunciar o TNP não fazem justiça à estatura do Brasil no cenário internacional. O apoio ao comportamento de Evo Morales, Hugo Chávez ou do próprio governo chinês no tocante ao respeito a compromissos internacionais mancha a boa imagem do Brasil no exterior – imagem conquistada em virtude da "lição de casa" feita nos últimos dez anos. Na área econômica, não basta, no entanto, a lição de casa; são necessárias também ações que diferenciem o país do nacional-populismo econômico que vem se espraiando pela América do Sul.

4. Priorizar as negociações da OMC, porém estar atento às necessidades econômicas do país e à "fuga ao bilateralismo".

Num mundo ideal, as negociações sobre o comércio internacional seriam unicamente multilaterais – ou globais –, de forma que a abertura comercial resultante seria a que melhor realocaria recursos e fatores de produção, premiaria países e empresas competitivas e assim reestruturaria a economia mundial da forma mais condizente com as realidades de mercado – sempre que num enquadramento regulatório também acordado em nível multilateral. Evitar-se-ia assim também o recurso à discriminação entre países. No mundo real, no entanto, a OMC passa por um período difícil, e o sistema multilateral de comércio talvez nunca recupere sua função outrora primordial de abrir mercados e introduzir regras não-discriminatórias. Nesse contexto o Brasil deve reavaliar a prioridade que concede ao multilateralismo – por mais nobre que essa prioridade seja tanto em termos econômicos como políticos – e estabelecer prioridades bilaterais e regionais condizentes com sua estrutura agrícola, industrial e de serviços.

5. Buscar acordos de livre comércio que não se limitem a países em desenvolvimento.

Nos últimos anos o Brasil firmou acordos apenas com países em desenvolvimento: Índia, África do Sul, Comunidade Andina. Tais acordos têm tido efeitos comerciais muito pequenos, já que se limitam a preferências tarifárias e não refletem a potencialidade do comércio exterior brasileiro. Além disso, o comércio com os principais parceiros comerciais do mundo – os Estados Unidos e a União Européia – continua a ser o mais importante para o Brasil e deve estar na pauta estratégica de negociações do país. Estudos demonstram que a melhor integração é aquela que se dá com países cujo comércio e investimento são dinâmicos, inovadores e intensivos em tecnologia – ou seja, com países em grande medida desenvolvidos.

6. Buscar acordos que não se limitem ao acesso a mercados e que se estendam à negociação de regras.

Como forma de preservar seu "espaço para políticas" (*policy space*), o Brasil tem evitado em quaisquer contatos comerciais internacionais a negociação de regras, limitando o âmbito dos acordos ao chamado "acesso a mercados" – ou seja, à negociação de reduções tarifárias. Com freqüência, como nos casos dos recém-acordados pactos com a Índia, África do Sul e Comunidade Andina, o Brasil e o Mercosul nem sequer negociam o livre comércio, optando em vez disso pela simples troca de preferências tarifárias para um número também limitado de itens. A negociação de regras sobre serviços e investimento, por exemplo, é de interesse "ofensivo" para o Brasil, dada a crescente internacionalização das empresas nacionais. Além disso, a negociação de regras previsíveis pode ajudar o país a buscar a simplificação de seu complexo ambiente de negócios e investimentos.

7. Estabelecer um processo formal de consultas em relação a todas as negociações comerciais internacionais, e não apenas a algumas.

O governo tem tido um processo de consultas ao setor empresarial bastante completo no tocante às negociações da Rodada de Doha, da OMC. O mesmo não pode ser dito a respeito de outras negociações – sejam elas bilaterais, sejam plurilaterais, sejam regionais. Os temas do Mercosul, por exemplo, são conduzidos sem uma consulta direta aos setores interessados. Há apenas o Foro Consultivo Econômico e Social (FCES), que é amplo e difuso demais para o tipo de consulta necessário no Mercosul. Temas que careceram de consultas às partes interessadas da sociedade brasileira incluem a concessão de *status* de economia de mercado à China, a negociação de salvaguardas bilaterais com a Argentina e a entrada da Venezuela no Mercosul, entre outros.

8. Buscar ser o principal interlocutor dos Estados Unidos no continente.

Apesar de envolver apenas um país, não há dúvida de que as relações com os Estados Unidos não podem ser vistas apenas como bilaterais. Obviamente a operacionalização das relações, sobretudo quanto ao caráter da interlocução, será bilateral, envolvendo um alto grau de consenso entre os dois países. No entanto, os instrumentos da relação serão, além disso, simultaneamente multilaterais e regionais. No plano regional, por exemplo, o Brasil potencializaria sua função de "mediador" ou interlocutor das duas vertentes existentes na América Latina – uma alinhada aos Estados Unidos, outra oposta aos Estados Unidos –, mantendo um diálogo fluido, transparente e estratégico com os próprios Estados Unidos. A abertura que a questão do etanol representa, nesse contexto, deve ser aproveitada em seus aspectos tanto econômicos como políticos e estratégicos.

9. Buscar uma relação estratégica com a União Européia.

O Mercosul negocia há anos com a União Européia um possível acordo de associação entre os dois blocos. As negociações em grande medida obedeceram a um paralelismo construtivo com as negociações relativas à Alca. Em outubro de 2004, quando as negociações da Alca já davam sinal de exaustão, houve uma última tentativa de conclusão que por pouco não ocorreu. Desde então, as negociações estão em compasso de espera – espera por uma definição multilateral, na OMC, que delinearia principalmente os limites do protecionismo europeu em agricultura e a atratividade de um aprofundamento comercial com Bruxelas. A verdade é que a Europa já é nosso principal parceiro comercial e que as relações inter-regionais poderiam se beneficiar mais do que apenas comercialmente. Compromissos em temas como infra-estrutura, energia e financiamento em geral poderiam ser de interesse estratégico consideravelmente maior do que o próprio comércio bilateral.

10. Aproveitar a "falta" de negociações para estabelecer prioridades unilaterais de políticas públicas.

Há mais de dez anos o Brasil se vê pressionado por agendas "importadas", por negociações com parceiros que já sabem o que querem e, em alguns casos, já avançaram em seus processos de abertura, inserção e integração com o mundo. Este é o caso dos países desenvolvidos – sejam os Estados Unidos na Alca, seja a União Européia nas negociações de um acordo de associação inter-regional. Esse período coincidiu com significativos processos de modernização do país, como a abertura e a estabilização da economia, o fim da inflação, a responsabilidade fiscal, as privatizações. Na arena política, uma alternância de poder importante ocorreu no período, e o país nem por isso "perdeu os rumos". Ainda assim, falta ao país um impulso endógeno que possa embasar um processo consistente de reformas e reestruturações. A ausência de uma agenda internacional demandante com o esvaziamento da OMC, o paradeiro da Alca e a ambigüidade da União Européia em relação ao Mercosul devem ser vistos como oportunidade para uma "introspecção positiva" que nos leve a definições e esclarecimentos sobre o que queremos.

Sobre os autores

Amaury de Souza: economista, sócio da MCM Consultores.

Antônio Delfim Netto: duas vezes ministro; economista, professor da Universidade de São Paulo (USP) e ex-deputado federal.

Antônio Jorge Ramalho da Rocha: diretor do Departamento de Cooperação do Ministério da Defesa.

Eduardo Garuti Noronha: professor de Ciência Política da Universidade Federal de São Carlos (Ufscar), São Paulo.

João Alberto De Negri: economista, diretor de estudos setoriais do Instituto de Pesquisas Econômicas Aplicadas (Ipea).

José Augusto Guilhon Albuquerque: pró-reitor de pós-graduação, pesquisa e extensão da Universidade São Marcos, de São Paulo, e ex-professor titular de relações internacionais da USP.

José Pastore: sociólogo e professor titular de relações do trabalho da Faculdade de Economia e Administração da Universidade de São Paulo (FEA-USP).

Lia Valls Pereira: pesquisadora e professora do Instituto Brasileiro de Economia (Ibre) da Fundação Getúlio Vargas (FGV).

Luciano Coutinho: professor da Faculdade de Economia da Universidade Estadual de Campinas (Unicamp).

Márcio Pochmann: doutor em economia, professor do Instituto de Economia e pesquisador do Centro de Estudos Sindicais e Economia do Trabalho da Unicamp.

Marco Aurélio Garcia: catedrático da Unicamp e assessor de política externa da Presidência da República.

Marcos Sawaya Jank: catedrático da Escola Superior de Agricultura Luiz de Queiroz (Esalq) da USP, em Piracicaba, São Paulo, e presidente do Instituto de Estudos do Comércio e Negociações Internacionais (Icone Brasil).

Maria Silvia Portella de Castro: assessora da Secretaria de Relações Internacionais da Central Única dos Trabalhadores (CUT).

Mário Marconini: economista, presidente executivo do Conselho de Relações Internacionais da Fecomercio; ex-secretário de Comércio Exterior do Ministério do Desenvolvimento.

Octávio de Barros: diretor do Departamento de Estudos Econômicos do Bradesco.

Rubens Ricupero: embaixador, economista, ex-ministro e presidente de honra do Conselho de Relações Internacionais da Fecomercio.

REDE DE UNIDADES SENAC SÃO PAULO

Capital e Grande São Paulo

Centro Universitário Senac Campus Santo Amaro
Tel.: (11) 5682-7300 • Fax: (11) 5682-7441
E-mail: campussantoamaro@sp.senac.br

Senac 24 de maio
Tel.: (11) 2161-0500 • Fax: (11) 2161-0540
E-mail: 24demaio@sp.senac.br

Senac Consolação
Tel.: (11) 2189-2100 • Fax: (11) 2189-2150
E-mail: consolacao@sp.senac.br

Senac Francisco Matarazzo
Tel.: (11) 3879-3600 • Fax: (11) 3864-4597
E-mail: franciscomatarazzo@sp.senac.br

Senac Guarulhos
Tel.: (11) 2187-3350 • Fax: 2187-3355
E-mail: guarulhos@sp.senac.br

Senac Itaquera
Tel.: (11) 2185-9200 • Fax: (11) 2185-9201
E-mail: itaquera@sp.senac.br

Senac Jabaquara
Tel.: (11) 2146-9150 • Fax: (11) 2146-9550
E-mail: jabaquara@sp.senac.br

Senac Lapa Faustolo
Tel.: (11) 2185-9800 • Fax: (11) 2185-9802
E-mail: lapafaustolo@sp.senac.br

Senac Lapa Scipião
Tel.: (11) 3475-2200 • Fax: (11) 3475-2299
E-mail: lapascipiao@sp.senac.br

Senac Lapa Tito
Tel.: (11) 6888-5500 • Fax: (11) 6888-5567
E-mail: lapatito@sp.senac.br

Senac Nove de Julho
Tel.: (11) 2182-6900 • Fax: (11) 2182-6941
E-mail: novedejulho@sp.senac.br

Senac – Núcleo de Idiomas Anália Franco
Tel.: (11) 6671-4447 • Fax: (11) 6671-3827
E-mail: idiomasanaliafranco@sp.senac.br

Senac – Núcleo de Idiomas Santana
Tel.: (11) 6976-5443 • Fax: (11) 6977-9044
E-mail: idiomassantana@sp.senac.br

Senac – Núcleo de Idiomas Vila Mariana
Tel.: (11) 5573-9790 • Fax: (11) 5579-1395
E-mail: idiomasvilamariana@sp.senac.br

Senac Osasco
Tel.: (11) 2164-9877 • Fax: (11) 2164-9822
E-mail: osasco@sp.senac.br

Senac Penha
Tel.: (11) 2135-0300 • Fax: (11) 2135-0398
E-mail: penha@sp.senac.br

Senac Santa Cecília
Tel.: (11) 2178-0200 • Fax: (11) 2178-0226
E-mail: santacecilia@sp.senac.br

Senac Santana
Tel.: (11) 2146-8250 • Fax: (11) 2146-8270
E-mail: santana@sp.senac.br

Senac Santo Amaro
Tel.: (11) 5523-8822 • Fax: (11) 5687-8253
E-mail: santoamaro@sp.senac.br

Senac Santo André
Tel.: (11) 6842-8300 • Fax: (11) 6842-8301
E-mail: santoandre@sp.senac.br

Senac Tatuapé
Tel.: (11) 2191-2900 • Fax: (11) 2191-2949
E-mail: tatuape@sp.senac.br

Senac Tiradentes
Tel.: (11) 3329-6200 • Fax: (11) 3329-6266
E-mail: tiradentes@sp.senac.br

Senac Vila Prudente
Tel.: (11) 3474-0799 • Fax: (11) 3474-0700
E-mail: vilaprudente@sp.senac.br

Interior e Litoral

Centro Universitário Senac
Campus Águas de São Pedro
Tel.: (19) 3482-7000 • Fax: (19) 3482-7036
E-mail: campusaguasdesaopedro@sp.senac.br

Centro Universitário Senac
Campus Campos do Jordão
Tel.: (12) 3688-3001 • Fax: (12) 3662-3529
E-mail: campuscamposdojordao@sp.senac.br

Senac Araçatuba
Tel.: (18) 3623-8740 • Fax: (18) 3623-1404
E-mail: aracatuba@sp.senac.br

Senac Araraquara
Tel.: (16) 3336-2444 • Fax: (16) 3336-9337
E-mail: araraquara@sp.senac.br

Senac Barretos
Tel./fax: (17) 3322-9011
E-mail: barretos@sp.senac.br

Senac Bauru
Tel.: (14) 3321-3199 • Fax: (14) 3321-3119
E-mail: bauru@sp.senac.br

Senac Bebedouro
Tel.: (17) 3342-8100 • Fax: (17) 3342-3517
E-mail: bebedouro@sp.senac.br

Senac Botucatu
Tel.: (14) 3882-2536 • Fax: (14) 3815-3981
E-mail: botucatu@sp.senac.br

Senac Campinas
Tel.: (19) 2117-0600 • Fax: (19) 2117-0601
E-mail: campinas@sp.senac.br

Senac Catanduva
Tel.: (17) 3522-7200 • Fax: (17) 3522-7279
E-mail: catanduva@sp.senac.br

Senac Franca
Tel.: (16) 3723-9944 • Fax: (16) 3723-9086
E-mail: franca@sp.senac.br

Senac Guaratinguetá
Tel.: (12) 3122-2499 • Fax: (12) 3122-4786
E-mail: guaratingueta@sp.senac.br

Senac Itapetininga
Tel.: (15) 3272-5463 • Fax: (15) 3272-5177
E-mail: itapetininga@sp.senac.br

Senac Itapira
Tel.: (19) 3863-2835 • Fax: (19) 3863-1518
E-mail: itapira@sp.senac.br

Senac Itu
Tel.: (11) 4023-4881 • Fax: (11) 4013-3008
E-mail: itu@sp.senac.br

Senac Jaboticabal
Tel./Fax: (16) 3204-3204
E-mail: jaboticabal@sp.senac.br

Senac Jaú
Tel.: (14) 3622-2272 • Fax: (14) 3621-6166
E-mail: jau@sp.senac.br

Senac Jundiaí
Tel.: (11) 4586-8228 • Fax: (11) 4586-8223
E-mail: jundiai@sp.senac.br

Senac Limeira
Tel.: (19) 3451-4488 • Fax: (19) 3441-6039
E-mail: limeira@sp.senac.br

Senac Marília
Tel.: (14) 3433-8933 • Fax: (14) 3422-2004
E-mail: marilia@sp.senac.br

Senac Mogi-Guaçu
Tel.: (19) 3891-7676 • Fax: (19) 3891-7771
E-mail: mogiguacu@sp.senac.br

Senac Piracicaba
Tel.: (19) 2105-0199 • Fax: (19) 2105-0198
E-mail: piracicaba@sp.senac.br

Senac Presidente Prudente
Tel.: (18) 3222-9122 • Fax: (18) 3222-8778
E-mail: presidenteprudente@sp.senac.br

Senac Ribeirão Preto
Tel.: (16) 2111-1200 • Fax: (16) 2111-1201
E-mail: ribeiraopreto@sp.senac.br

Senac Rio Claro
Tel.: (19) 3524-6631 • Fax: (19) 3523-3930
E-mail: rioclaro@sp.senac.br

Senac Santos
Tel.: (13) 3222-4940 • Fax: (13) 3235-7365
E-mail: santos@sp.senac.br

Senac São Carlos
Tel.: (16) 3371-8228 • Fax: (16) 3371-8229
E-mail: saocarlos@sp.senac.br

Senac São João da Boa Vista
Tel./Fax: (19) 3623-2702
E-mail: sjboavista@sp.senac.br

Senac São José do Rio Preto
Tel.: (17) 2139-1699 • Fax: (17) 2139-1698
E-mail: sjriopreto@sp.senac.br

Senac São José dos Campos
Tel./fax: (12) 3929-2300
E-mail: sjcampos@sp.senac.br

Senac Sorocaba
Tel.: (15) 3227-2929 • Fax: (15) 3227-2900
E-mail: sorocaba@sp.senac.br

Senac Taubaté
Tel./fax: (12) 3632-5066
E-mail: taubate@sp.senac.br

Senac Votuporanga
Tel.: (17) 3426-6700 • Fax: (17) 3426-6707
E-mail: votuporanga@sp.senac.br

Outras Unidades

Editora Senac São Paulo
Tel.: (11) 2187-4450 • Fax: (11) 2187-4486
E-mail: editora@sp.senac.br

Grande Hotel São Pedro – Hotel-escola Senac
Tel.: (19) 3482-7600 • Fax: (19) 3482-7700
E-mail: grandehotelsaopedro@sp.senac.br

Grande Hotel Campos do Jordão –
Hotel-escola Senac
Tel.: (12) 3668-6000 • Fax: (12) 3668-6100
E-mail: grandehotelcampos@sp.senac.br

EDITORA SENAC SÃO PAULO

DISTRIBUIDORES

DISTRITO FEDERAL

Gallafassi Editora e Distribuidora Ltda.
SAAN – Qd. 2, 1.110/1.120
70632-200 – Brasília/DF
Tel.: (61) 3039-4686 • Fax: (61) 3036-8747
e-mail: vendas@gallafassi.com.br

ESPÍRITO SANTO

Editora Senac Rio de Janeiro
Av. Franklin Roosevelt, 126/604 – Castelo
20021-120 – Rio de Janeiro/RJ
Tel.: (21) 2240-2045 • Fax: (21) 2240-9656
e-mail: editora@rj.senac.br

GOIÁS

Gallafassi Editora e Distribuidora Ltda.
Rua 70, 601 – Centro
74055-120 – Goiânia/GO
Tel.: (62) 3941-6329 • Fax: (62) 3941-4847
e-mail: vendas.go@gallafassi.com.br

Planalto Distribuidora de Livros
Rua 70, 620 – Centro
74055-120 – Goiânia/GO
Tel.: (62) 3212-2988 • Fax: (62) 3225-6400
e-mail: sebastiaodemiranda@zaz.com.br

MINAS GERAIS

Leitura Distr. e Repr. Ltda.
Rua Curitiba, 760 – 1º andar
30170-120 – Belo Horizonte/MG
Tel.: (31) 3271-7747 • Tel./fax: (31) 3271-4812
e-mail: leiturarepresenta@ibest.com.br

PARANÁ

Livrarias Curitiba
Av. Marechal Floriano Peixoto, 1.742 – Rebouças
80230-110 – Curitiba/PR
Tel.: (41) 3330-5000/3330-5046 • Fax: (41) 3333-5047
e-mail: pedidos@livrariascuritiba.com.br

RIO DE JANEIRO

Editora Senac Rio de Janeiro
Av. Franklin Roosevelt, 126/604 – Castelo
20021-120 – Rio de Janeiro/RJ
Tel.: (21) 2240-2045 • Fax: (21) 2240-9656
e-mail: editora@rj.senac.br

RIO GRANDE DO SUL

Livros de Negócios Ltda.
Rua Demétrio Ribeiro, 1.164/1.170 – Centro
90010-313 – Porto Alegre/RS
Tel.: (51) 3211-1445/3211-1340 • Fax: (51) 3211-0596
e-mail: livros@livrosdenegocios.com.br

SANTA CATARINA

Livrarias Catarinense
Rua Fulvio Aducci, 416 – Estreito
88075-000 – Florianópolis/SC
Tel.: (48) 3271-6000 • Fax: (48) 3244-6305
e-mail: vendassc@livrariascuritiba.com.br

SÃO PAULO

Bookmix Comércio de Livros Ltda.
Rua Jesuíno Pascoal, 118
01233-001 – São Paulo/SP
Tel.: (11) 3331-0536/3331-9662 • Fax: (11) 3331-0989
e-mail: bookmix@uol.com.br

Disal S.A.
Av. Marquês de São Vicente, 182 – Barra Funda
01139-000 – São Paulo/SP
Tel.: (11) 3226-3100/3226-3111 • Fax: (11) 0800-770-7105
e-mail: neide@disal.com.br

Pergaminho Com. e Distr. de Livros Ltda.
Av. Dr. Celso Silveira Rezende, 496 – Jardim Leonor
13041-255 – Campinas/SP
Tel.: (19) 3236-3610 • Fax: 0800-163610
e-mail: compras@pergaminho.com.br

Tecmedd Distribuidora de Livros
Av. Maurílio Biagi, 2.850 – City Ribeirão
14021-000 – Ribeirão Preto/SP
Tel.: (11) 3512-5500 • Tel./fax: (16) 3512-5500
e-mail: tecmedd@tecmedd.com.br

PORTUGAL

Dinalivro Distribuidora Nacional de Livros Ltda.
Rua João Ortigão Ramos, 17-A
1500-362 – Lisboa – Portugal
Tel.: +351 21 7122 210 • Fax: +351 21 7153 774
e-mail: comercial@dinalivro.pt

REPRESENTANTE COMERCIAL

AM-PA-MA-PI-CE-RN-PB-PE

Gabriel de Barros Catramby
Rua Major Armando de Souza Melo, 156 – Loja 403 – Boa Viagem
51030-140 – Recife/PE
Tel./fax: (81) 3341-6308
e-mail: gabrielcatramby@terra.com.br

SENAC – SERVIÇO NACIONAL DE APRENDIZAGEM COMERCIAL

ADMINISTRAÇÕES REGIONAIS

Acre
Rua Alvorada, 777 – Bosque
CEP 69909-380 Rio Branco, AC
Tels.: (68) 3211-3000 / 3211-3005
e-mail: hirlete@ac.senac.br
home page: http://www.ac.senac.br

Alagoas
Rua Pedro Paulino, 77 – Poço
CEP 57025-340 Maceió, AL
Tel.: (82) 3216-7800
e-mail: verdi@al.senac.br
home page: http://www.al.senac.br

Amapá
Av. Henrique Galúcio, 1.999 – Santa Rita
CEP 68900-170 Macapá, AP
Tel.: (96) 214-4100
e-mail: iguarassu@ap.senac.br
home page: http://www.ap.senac.br

Amazonas
Av. Djalma Batista, 2.507 – Chapada
CEP 69050-010 Manaus, AM
Tels.: (92) 3216-5740 / 3216-5745
e-mail: antonio@am.senac.br
home page: http://www.am.senac.br

Bahia
Av. Tancredo Neves, 1.109 – 10º andar – Pituba
CEP 41820-021 Salvador, BA
Tel.: (71) 3273-9701
e-mail: marina.almeida@ba.senac.br
home page: http://www.ba.senac.br

Ceará
Av. Tristão Gonçalves, 1.245 – Centro
CEP 60015-002 Fortaleza, CE
Tel.: (85) 3452-7000
e-mail: liaparente@ce.senac.br
home page: http://www.ce.senac.br

Distrito Federal
SCS – Quadra 2 – Bloco C, 227
CEP 70300-500 Brasília, DF
Tel.: (61) 3313-8800
e-mail: luizn@senacdf.com.br
home page: http://www.df.senac.br

Espírito Santo
Rua Amenophis de Assis, 255 – Bento Ferreira
CEP 29050-935 Vitória, ES
Tel.: (27) 3325-8222
e-mail: dcorteletti@es.senac.br
home page: http://www.es.senac.br

Goiás
Rua 31-A, 43 – Setor Aeroporto
CEP 74075-470 Goiânia, GO
Tel.: (62) 219-5108
e-mail: diretoria@go.senac.br
home page: http://www.go.senac.br

Maranhão
Rua do Passeio, 495 – Centro
CEP 65015-370 São Luís, MA
Tels.: (98) 3231-2426 / 3231-2044
e-mail: diretoriaregional@ma.senac.br
home page: http://www.ma.senac.br

Mato Grosso
Rua Jessé Pinto Freire, 171 – Centro
CEP 78020-090 Cuiabá, MT
Tel.: (65) 614-2431
e-mail: gil@mt.senac.br
home page: http://www.mt.senac.br

Mato Grosso do Sul
Rua 26 de Agosto, 835 – Centro
CEP 79002-080 Campo Grande, MS
Tels.: (67) 312-6212 / 312-6250
e-mail: reginaferro@ms.senac.br
home page: http://www.ms.senac.br

Minas Gerais
Rua Tupinambás, 1.086 – 5º andar – Centro
CEP 30120-070 Belo Horizonte, MG
Tels.: (31) 3278-4872 / 3278-4873
e-mail: cirilo@mg.senac.br
home page: http://www.mg.senac.br

Pará
Av. Assis de Vasconcelos, 359 – Comércio
CEP 66010-010 Belém, PA
Tels.: (91) 4009-6850 / 4009-6853
e-mail: suporte@pa.senac.br
home page: http://www.pa.senac.br

Paraíba
Rua Des. Souto Maior, 291 – 4º andar – Centro
CEP 58013-190 João Pessoa, PB
Tels.: (83) 3208-3169 / 3208-3100
e-mail: geraldo@pb.senac.br
home page: http://www.pb.senac.br

Paraná
Rua André de Barros, 750
CEP 80010-080 Curitiba, PR
Tel.: (41) 3219-4700
e-mail: monastier@pr.senac.br
home page: http://www.pr.senac.br

Pernambuco
Av. Visconde de Suassuna, 500 – Santo Amaro
CEP 50050-540 Recife, PE
Tel.: (81) 3423-3177
e-mail: emattos@pe.senac.br
home page: http://www.pe.senac.br

Piauí
Av. Campos Sales, 1.111 – Centro
CEP 64000-300 Teresina, PI
Tel.: (86) 3221-7060
e-mail: dr@pi.senac.br
home page: http://www.pi.senac.br

Rio de Janeiro
Rua Marquês de Abrantes, 99 – Flamengo
CEP 22230-060 Rio de Janeiro, RJ
Tels.: (21) 3138-1116 / 3138-1117
e-mail: direg@rj.senac.br
home page: http://www.rj.senac.br

Rio Grande do Norte
Rua São Tomé, 444 – Centro
CEP 59025-030 Natal, RN
Tel.: (84) 3203-4435
e-mail: ronaldor@rn.senac.br
home page: http://www.rn.senac.br

Rio Grande do Sul
Av. Alberto Bins, 665 – 12º andar – Centro
CEP 90030-142 Porto Alegre, RS
Tel.: (51) 3284-1903
e-mail: diretoria@senacrs.com.br
home page: http://www.senacrs.com.br

Rondônia
Rua Tabajara, 539 – Olaria
CEP 78906-660 Porto Velho, RO
Tels.: (69) 3229-6059 / 3229-5792
e-mail: hilton@ro.senac.br
home page: http://www.ro.senac.br

Roraima
Av. Major Williams, 2.084 – São Francisco
CEP 69301-110 Boa Vista, RR
Tels.: (95) 2121-1901 / 2121-1902
e-mail: arlindomuller@rr.senac.br
home page: http://www.rr.senac.br

Santa Catarina
Rua Felipe Schmidt, 785 – 7º andar – Centro
CEP 88010-002 Florianópolis, SC
Tel.: (48) 251-0500
e-mail: rudney@sc.senac.br
home page: http://www.sc.senac.br

São Paulo
Rua Doutor Vila Nova, 228 – 7º andar – V. Buarque
CEP 01222-903 São Paulo, SP
Tel.: (11) 3236-2000
e-mail: direg@sp.senac.br
home page: http://www.sp.senac.br

Sergipe
Av. Ivo do Prado, 564 – Centro
CEP 49015-070 Aracaju, SE
Tels.: (79) 3212-1501 / 3214-1560
e-mail: carlose.traversa@se.senac.br
home page: http://www.se.senac.br

Tocantins
AANO 20, cj. 3, lotes 3 e 4 – Centro
CEP 77010-040 Palmas, TO
Tel.: (63) 3219-1600
e-mail: senacto@uol.com.br
home page: http://www.to.senac.br

Impressão e Acabamento:
Geográfica
editora